特别鸣谢

田家炳基金会资助项目
高校个性化教育“三个一”行动研究

他们何以如此优秀

文华学院国奖生的大学故事

雷洪德　刘璐◎主编

華中科技大學出版社
http://www.hustp.com
中国·武汉

图书在版编目（CIP数据）

他们何以如此优秀：文华学院国奖生的大学故事 / 雷洪德，刘璐主编. —武汉：华中科技大学出版社，2022.8

ISBN 978-7-5680-8525-0

Ⅰ. ①他… Ⅱ. ①雷… ②刘… Ⅲ. ①大学生－模范学生－先进事迹－武汉－2007-2021 Ⅳ. ①K828.4

中国版本图书馆CIP数据核字（2022）第140964号

他们何以如此优秀：文华学院国奖生的大学故事

Tamen Heyi Ruci Youxiu：Wenhua Xueyuan Guojiangsheng de Daxue Gushi

雷洪德 刘璐 主编

策划编辑：钱 坤 张馨芳

责任编辑：殷 茵

装帧设计：孙雅丽

责任校对：张汇娟

责任监印：周治超

出版发行：华中科技大学出版社（中国·武汉） 电话：（027）81321913

武汉市东湖新技术开发区华工科技园 邮编：430223

录 排：孙雅丽

印 刷：湖北新华印务有限公司

开 本：710mm × 1000mm 1/16

印 张：8.5 插页：2

字 数：106千字

版 次：2022 年 8 月第 1 版第 1 次印刷

定 价：30.00元

前　言

从 2007 年开始，文华学院（原华中科技大学文华学院）参加国家奖学金评选。截至 2021 年，共有 189 名文华学子获评国家奖学金（简称国奖）。2021 年 5 月，学校成立“国奖生访谈工作组”，学生工作部（处）和华中科技大学教育科学研究院合作，对近两年获得国家奖学金且在校的 21 名同学进行了深度访谈。

这次访谈围绕“他们何以如此优秀”这个主题，从“想、说、做、成”四个方面，对所有受访国奖生进行了个体笔谈、个体访谈和集体座谈，对其中 8 位国奖生还访谈了他们的辅导员和最熟悉他们的同学。在此基础上，我们收集到和转录出将近 50 万字的访谈资料。之后挑选了陈潇彤、成诺、李慧、刘闽、王德坤、向朝新、熊思敏、占昊等文华学院在读学生，请他们从学生的视角进行资料分析，撰写具有可读性与启发性的国奖生大学故事。经过反复讨论、修改，本书得以编成，旨在总结推广国奖生的学习与发展经验。

在文华学院 2022 届学生毕业典礼上，刘献君校长寄语毕业生：“在自我反思中不断提升，在辛勤耕耘中回报社会。”此语也适用于文华学院正在实施的个性化教育。本书是文华学院个性化教育的成果展示，也是文华学院个性化教育的自我反思。我们将以此为新起点，贯彻落实“以学生为中心”的教育理念，深入推进个性化教育，培养更多优秀大学生。

目 录

侯东堃

一个有人文情怀的理工男

侯东堃，男，山东威海人。2018年毕业于徐州高级中学，考入文华学院机械与电气工程学部，学习电气工程及其自动化专业。入校之后，刻苦学习专业知识，积极参加学科竞赛；担任班级宣传委员，组织策划各类文体活动；主动参与社区抗击疫情志愿服务，受到居民好评；采访退役老兵，访谈作品获评校优秀社会实践作品；获得国家奖学金、全国大学生物理实验竞赛二等奖、全国大学生英语竞赛二等奖、文华学院“五四青年标兵”“优秀共青团员”等奖励。本科毕业后，在安徽悉元景观规划设计有限公司从事电气设计工作。

在教室第二排中间最右边的那个位置，总会出现一个身影。这个位置是侯东堃精心研究一年多后选择的“专属座位”。坐在这个位置看 PPT 的角度正好是 45 度，符合人的最佳观看视角。在这件事情上，侯东堃显示出“典型理工男”的气质，但他也有深厚的人文情怀。只有当你接近他的时候，才能感受到他内心的炽热。

发现可能，努力改变

在侯东堃室友的眼中，他是那个在开学第一天就坐在宿舍背单词，而且能坚持每天跑 5 公里的牛人；他是那个说话很少、安安静静，却坚强到连辅导员都自愧不如的优秀学生。要成为一个什么样的人？这个问题侯东堃被问过很多遍，他每次的回答都指向同一个结果：要成为一个有人文情怀的理工男。

大一下学期，侯东堃偶然看到一个考研机构的优秀学子榜单，其中有一个人让他眼前一亮并且为之赞叹：他的直系学长——2015 级的刘星烁，以 397 分的佳绩考入西安交通大学电气工程专业。当时，侯东堃还不太相信，便从学部的微信公众号上更加详细地了解他。“刘星烁学长是我前进道路上的关键人物。”侯东堃肯定地说。通过公众号发布的刘星烁考研经验帖，侯东堃了解到刘星烁的专业成绩加权平均分接近满分，这意味着他几乎每门课的成绩都达到了优秀的等级。对此，侯东堃感到震惊，也非常敬佩。他在刘星烁身上看到了光，便把这束光当作自己人生前进道路上的榜样。在他坚持不懈的追逐中，这束光也照亮了更多的人。

专心致志，迸发潜能

如果三心二意，最后将一事无成。这是侯东堃在不断试错的过程中得出的结论。有时，他会因为外界的纷扰而无法静下心来，明明定好目标一学期多读几本书，最后却只能读完一两本。这个时候，他会在保证总体目标不变的情况下，对计划进行阶段性的调整，这样便能让自己更好地适应总体的目标。

对于侯东堃来说，自我暗示是非常重要的。每当学不下去的时候，他都会反问自己：为什么不咬牙坚持一下？为什么要半途而废呢？他会不断地告诉自己：我不愿意泯然众人。所以，他总是要求自己在临门一脚时攥紧拳头坚定地走下去。

他日复一日坚持的动力来自哪里呢？当你接触到他时，你会发现他的内心充盈而有力量。在无数个看不见星光的夜晚，是古训“行百里者半九十”，带给他坚持下去的信心；是曹文轩先生的“人有克制不住的离家的欲望”，带给他走向远方的力量；是奥斯特洛夫斯基的“不因虚度年华而悔恨，也不因碌碌无为而羞愧”，带给他追寻人生意义的勇气。这些名言古训也许不能带给我们好运，但是能让我们获得前进的动力。

侯东堃很赞同博尔赫斯的一句话：“天堂应该是图书馆的模样。”他自己的课余生活走的是“三点一线”——图书馆、食堂和宿舍。周一到周五，他每天早上6：30起床，不到7点就出门了。有一天，他回到宿舍跟室友分享近期的感受，室友提到同专业有两位学习成绩很好的同学学习也非常认真，常常学到很晚才离开图书馆。听到这话，他暗下决心：“明天晚上我一定要比他们两个更晚地离开图书馆。”

大三下学期，侯东堃的期末小结是：“行胜于言，少说话，多做事。继续保持谦虚谨慎、戒骄戒躁的作风，继续保持艰苦奋斗的精神。我一直很看重结果，结果固然重要，但不让自己的青春留下遗憾更重要。希望自己能够善始善终。”

放下手机，看自己的故事

有数据分析公司调查统计后发现，全世界每人每天平均盯着屏幕的时间是 6 小时 55 分钟。这意味着，人们在醒着的时间里，将近一半的时间都盯着屏幕。关于手机对学习和生活的影响，侯东堃在很早的时候就有了反思。晚上睡觉，他严格要求自己不能把手机带上床。在学习和生活上，他也会控制手机使用的时间。在图书馆学习的时候，手机是断网放置在一边的。

以前，他在手机上看的都是别人的故事。现在，他的生活里越来越多的是自己的故事。他说，之前在网上看别人的生活，会觉得别人的世界丰富多彩，而自己的世界是如此贫乏。但当真正放下手机，半个月或一个月之后，慢慢便夺回了对生活的掌控。这种微小的改变，体现在生活的方方面面。他开始注意到考试前一天中午的太阳，火热又明亮；在前往图书馆的路上有花坛，里面长着很多花花草草。他发现时间在校园里循环，有人离开也有人进来。他在慢慢摸索中找到了自己喜欢做的事情，并且想要深耕下去。

正是这些生活中的小细节，源源不断地给侯东堃带来力量。他曾发现，图书馆旁的花坛有一朵漂亮的小花，淋过一场雨，被打掉了，但是天晴之后，旁边又开了一朵一样的。尽管在考试前一天，他还是会紧张，会担心自己考不好，但他相信自己终会迎来天晴花又开的时候。

有些情感不可言喻

“他的话不太多，他是那种很安静的孩子。”这是侯东堃的辅导员沈帆老师对他的评价。谈起侯东堃，沈老师话语之间满是骄傲。“他说话真的非常少，但是每次见面他都非常有礼貌，主动跟大家打招呼。这次获得国奖后，他送给本专业每个老师一个笔记本和一支笔，每个本子上面都写了不同的祝福语。我的本子上面还有一张我们的合照。这孩子特别有心，特别懂得感恩。”

侯东堃很喜欢盛正尧老师的微积分课。盛老师讲课幽默风趣，他将旋转抛物面比喻成碗，化抽象为具体，增强了大家对于空间几何的理解。还有电气系的一位老师，她谦虚地说自己“脸盲”，从来记不住学生的名字。但是侯东堃一见到她就主动打招呼，一来二去，这位老师牢牢记住了他的名字。

获得国奖后，侯东堃用“祸兮福之所倚，福兮祸之所伏”来告诫自己，不能因为一时之得而沾沾自喜。在笔记本上，他写了这样一句话：“我不会忘记自己为什么不远千里来到这里，也不会忘记自己将要到哪里去。”

（熊思敏／撰稿；邓娟／校改）

张爱玲

“佛系少女”的筑梦之旅

张爱玲，女，湖北鄂州人。2017年毕业于鄂州市高级中学，考入文华学院信息科学与技术学部，学习光电信息科学与工程专业。入校之后，努力学习专业知识与技能，成绩名列前茅；担任班长，定期召开班会，及时给同学们传递信息，帮助同学们解决困难；担任所在专业党务负责人，积极组织党员政治学习和特色党日活动；作为新生班级的潜能副导师，热心帮助学弟学妹发掘自身潜能；疫情期间，与潜能导师一起建立了“三对一服务小组”，并主动参与社区志愿服务活动；获得国家奖学金，全国大学生英语竞赛二等奖，文华学院一等奖学金、“优秀潜能副导师”、“优秀学生干部”、“优秀共青团员”等奖励。本科毕业后，在武汉安扬激光技术股份有限公司担任光学工程师。

学习的时候就好好学习，玩耍的时候就好好玩耍，这是张爱玲学习与生活的真实写照。她坦言自己不是学霸，也不能像有的国奖生那样一天学15个小时，而她之所以能够获得国奖，得益于她说干就干的果敢和坚定。

用实际行动开启成功之门

从一个“佛系少女”到国奖获得者，张爱玲有“咬定青山不放松”的坚强毅力，并且清楚自己想要什么。在每日计划中，她总是优先保证学习时间，再去规划其他事情。大一时，她的学习状态是随意型，并不喜欢去图书馆，但是学霸室友总是在每天早上7点叫醒她，拖着她一起去图书馆学习。在室友的影响下，她很快调整了学习状态，并且发现学霸的生活并不是索然无味的。渐渐地，她也学会了如何放松自己，玩的时候很疯狂，想去哪里也会说走就走。

张爱玲最突出的特点是对自己有清晰的认识，知道什么样的学习方法适合自己。她爱去安静的图书馆或者自习室学习，目的是少受外界的干扰。她也会使用一个名叫“番茄 ToDo”的软件，通过强制锁住手机来帮助自己达到专注的状态。同时，张爱玲有明确的目标，面对高要求的工作以及各类集体活动，她每次都能保证参与人数，高质量完成任务。面对同学们的不理解，她也有过苦恼，但最终还是经受住了考验，通过自己不断的努力，得到了大家的认可。

大学四年，张爱玲在很多方面发生了变化，但不变的是她对于生活乐观的态度，不会因为某一件事物反复地懊恼。在通往理想的路上，豁达的心态让她更快地成长。

传递被爱的温暖

大一刚入学，张爱玲接触到的第一个人不是辅导员，而是自己的潜能副导师。作为学长学姐，潜能副导师主动联系大一新生，给新生提供耐心的解答和热情的帮助，告诉新生所学的专业是干什么的、学校是怎样的。张爱玲印象最深的是大一的第一次晚自习，她走错了地方，找不到晚自习教室，只好向学长求助。学长满头大汗地跑来，带着她走到了自习教室，没有任何抱怨或责怪，让她感到十分温暖。她后来选择担任潜能副导师，在一定程度上就是因为受到了学长学姐们的影响。

张爱玲认为，潜能副导师是一个很重要的职务。有些刚入校的新生不敢跟辅导员交流，辅导员也没有足够的精力去跟所有新生深入交流，这时候就需要潜能副导师去协助。第一次担任潜能副导师时，张爱玲只是依葫芦画瓢地模仿学长学姐们的做法。第二次再担任时，她总结出了一套自己的经验。她非常喜欢潜能副导师这份工作，会因为得到赞许而感到开心，“有时候我特别想听到学弟学妹们说，我觉得我的小班超级棒！听到这样的话，我会很开心”。

在文华学院倡导“个性化发展”的环境中，张爱玲的语言沟通能力得到了很大的提升。从说话结巴到侃侃而谈，她受到了老师们很大的影响。潜能导师娟姐（尹娟娟老师）在师生见面会上详细介绍了学部的各个专业，而且每个学期都与学生进行一对一谈话，询问大家有没有困难或者烦心事，这帮助了包括张爱玲在内的很多同学。而她的项目潜能导师和设计潜能导师，即使在半夜也能及时回复她的问题，在日常生活中也与她有亲切的交流。

让张爱玲印象最深刻的是教授基础课程“电路理论”的胡东全老师。起初，张爱玲发现他是个严肃的学者，后来还发现他不会忽视每一个学生，对学生提出的问题，他总会耐心解答。胡老师坚持“一人一规划”的个性化教育，反对专业混合在一起上大班课的提议。他关爱学生，有自己的想法，这让张爱玲非常感动。张爱玲觉得，胡老师虽然不是自己所在专业的老师，但上课那么认真负责，自己好好学习就是对老师最好的回报。她常常将这些暖心的故事作为激励自己学习的动力，“每次不想学习的时候，想一下这个老师怎么对我们的，就觉得动力满满”。

坚持所热爱的

大一刚入校时，张爱玲的学习目标是考研。大三的时候，一次偶然的机会，看了习近平总书记在十八大上的讲话，她深受触动。后来，疫情困难时期，社区老党员竭尽全力帮助居民采购很难买到的东西，她又被党员们真心实意为人民服务的行为所感动。在这些因素的影响下，张爱玲最终决定考公务员。潜能导师知道了张爱玲的这个决定后，十分惊讶，甚至有一些失望，但还是帮她寻找了许多“干货”，和她进行 QQ 语音通话，指导她应该怎么学，告诉她不能懈怠。放弃考研而考公，这是张爱玲深思熟虑后的选择，也是她对自己所热爱之事的不懈追求。

张爱玲认为，“一生一课表”能够很好地引导学生去选择自己热爱和感兴趣的课程。她从小就对音乐感兴趣，在一次选课中选择了音乐基础知识课，最后考了 100 分。她也很喜欢课外活动，在大学里，班上的同学往往只在上课的时候才聚集在一起，有的同学之间一学期就说那么一两句话。而通过一些课外活动，可以增强班级的凝聚力，让同学们更深入地交流。

前路漫漫，未来可期

摆脱了高中的应试压力，进入大学之后，张爱玲曾经放松懈怠过。有一次上课，老师发问：“你们这么年轻，在课上怎么睡得着啊？难道现在你们不应该为未来好好做规划吗？”当时的张爱玲懵懵懂懂，这些话也如一阵微风，没有在她心中激起什么波澜。但如果让现在的她和四年前的自己对话，她会很用力地摇晃她的肩膀，大声告诉她：“不要再浪费生命了！”

大一偷的懒，之后得慢慢地补回来。在第一次填写推优评选申请表的时候，张爱玲发现自己的大学经历那一栏竟然没有内容可写！她痛苦地意识到，自己的大学生活过得一团糟。痛定思痛，她决定不再做“佛系少女”。她的大学生活从那时候起才算正式开始。

张爱玲的专业是光电信息科学与工程，在日常生活中很少能够真正接触到本专业的知识。为了深入学习，她与专业老师交流，询问哪些方面需要学习，随后自己去查询资料，完善知识储备。无论专业课还是通识课，她都会认真学习。课下，她会去图书馆查阅资料，进行课外学习，有时候也会跟着学长学姐们一起学习。她希望尽自己最大的努力，在学业上能有好成绩。她知道，学习是一个缓慢的过程，一步一步脚踏实地才能取得成效。

除了每天上课、学习课本上的知识，张爱玲也会利用课余时间跟随老师学习课外知识，拓宽自己的知识面，并通过参与一些实践活动来检验自己对知识的掌握程度。慢慢地，她感觉时间变得不够用了，也感受到了大学生活的忙碌与充实。

对比四年前的自己，张爱玲在大学生活的磨砺中成长了许多。平凡而不平庸，奋进而不守旧，踏实而不激进。这就是张爱玲热烈而闪闪发光的青春。

（李慧 / 撰稿；王秋玲 / 校改）

	想	说	做	成
大四	1. 努力备考公务员。 2. 珍惜在校的每一段时间，有自己的未来规划。	1. 制订学习计划，珍惜时间。 2. 努力学习，备考公务员。	1. 参加有关公务员的讲座，努力做题刷题。 2. 课余时间多和同学在一起交流。	1. 参加公务员考试。 2. 和同学一起完成想完成但未完成的事情。
大三	1. 重心从参加活动转移到学习。 2. 积极备考公务员。 3. 各科成绩保证良好。	1. 静下心来学习。 2. 搜集公务员的有关资料。	1. 课下经常去图书馆学习以及查阅资料。 2. 通过公众号等渠道，了解备考公务员的要求。	1. 学年专业成绩排名第一。 2. 全面了解到公务员的考试要求以及需要学习的东西。
大二	1. 多参与学科竞赛。 2. 各科成绩保证良好。 3. 作为潜能副导师，多帮助学弟学妹。	1. 参加全国大学生英语竞赛等学科竞赛。 2. 努力学习课堂上的知识。	1. 跟着学长学姐一起参与学科竞赛。 2. 认真学习，积极与老师同学讨论。 3. 开展活动，解决学弟学妹们的疑惑。	1. 参与各项学科比赛都有所成果。 2. 学年专业成绩排名第一。
大一	1. 各科成绩保证良好。 2. 多参加活动，锻炼自己的沟通能力。 3. 有考研意向。	1. 组织班会，策划班级活动。 2. 积极学习专业课程。	1. 课上认真听讲，课下去图书馆学习。 2. 搜集考研相关资料。	1. 学年专业成绩排名第一。 2. 与刚进校相比，变得自信起来。

张爱玲大学四年的“一人一规划”

刘 泓

把握生命中的每一份洒脱

刘泓，女，湖南长沙人。2018年毕业于长沙市麓山滨江实验学校，考入文华学院经济管理学部，学习工商管理专业。入校之后，刻苦学习专业知识，参加过“互联网+”“挑战杯”等多项比赛；任经管学部大学生自律委员会主任以及党支部组织委员，热心从事公益服务工作；获得“创客中国”创新大赛湖北省三等奖，申请多项实用新型专利并发表学术论文；疫情期间，响应武汉疫情防控政策号召，关爱帮扶医护子女，线上帮扶受困学生；获得国家奖学金，文华学院一等奖学金、“三好学生标兵”、“优秀共青团员”等奖励。本科毕业后考上研究生，就读于香港都会大学。

座谈会开始了，坐在拐角的那个女孩，拿着刚剥开的橘子，悠闲地撕下表面的橘丝，一面听着别人的分享，一面享受着美味，用她自己的话来说：“这感觉可好了。”相比于其他参会同学的拘谨，刘泓体现出独特的气场。

成长需要向导，努力寻找方向

出生于知识分子家庭的刘泓，有着丰厚的家庭文化资本。她的父亲是湖南大学的研究生，在那个读书机会不多的年代，半工半读，一路赚钱供自己上学。从小听惯了父亲励志故事的刘泓，至今仍将父亲视为一个传奇。刘泓的母亲是一名会计，从小带着她做志愿服务。刘泓的外公是一名军人，写得一手好字，她的书法深得外公真传。在这样的家庭文化中成长，刘泓出落得自信、阳光且洒脱。

受家庭文化熏陶的刘泓很喜欢读书。不过，此读书非彼读书，不是读课本，而是读有故事的课外书。她尤其爱读人物传记，从林徽因、顾城，到季羡林、林清玄，他们的传记她都爱读。很多时候，她往往是看到某个人物的一两个故事，由此便喜欢上这个人，再去读其传记。她从不问自己为什么喜欢这个人，“哪里说得出原因啊”。她经常说，这些书可以成为自己的人生导师。在她看来，读书并不是为了什么伟大的目标，而是在一个个人物故事中寻找共鸣，然后写下自己的感受，结合自己的经历，和自己讲讲道理罢了。

自幼在父母庇护下长大的刘泓，也憧憬外面的世界。然而，来到文华学院之后，听不懂周围人的口音，以及对新环境的陌生感，导致她对大学生活极度不适应。“心神不宁”是她那段日子的真实写照。辅导员陈倩老师发现了她的异样，找她交心聊天，她坦露出自己对新环境的不适应、对未来发展的焦虑，以及对交际的害怕。“前路浩浩荡荡，万物皆可期待”，辅导员的这句话，敲开了她的心门。“是啊！未来的不确定性是未来的事，我应该考虑的是过好当下。”在陈老师的指引下，她开始尝试并且努力融入班集体，积极参与班委竞选，最终成为班长。随着与老师、同学接触越来越多，她彻底打开了心扉。根据辅导员的建议，她定下了学好专业内外知识、坚持阅读人物传记等短期目标，以及考研“上岸”、攻读博士、就业杭州、坚持自己所热爱的等长期目标。

不要按部就班，尽力探索未知

2019 年的开学典礼，刘泓在操场边看了。当时，刘献君校长在致辞中提出：“大学学习的主要任务是探索。”这句话让刚步入大二的刘泓如饮醍醐。暑假规划的大二学习生活，原本和大一一样按部就班。听到刘献君校长说：“要勇于探索学习中的高深知识，探索人生的需要，锻炼自我探索的能力。”她心中的探索欲被激发了。随后她将原来的设想否定，决心突破舒适圈，去探索未知。

加入团队，组队参加比赛。抱着“突破单打独斗的习惯，感受团队力量来突破发展瓶颈”的想法，刘泓在大二的时候参加了“挑战杯”与“互联网＋”比赛，与来自不同专业、不同年级的小伙伴合作，集中讨论交流，认真计算每一个参数值，仔细修改商业计划书的每一处内容。合作的过程中，她被团队里的小伙伴吸引着。他们讨论经管类学生不是很懂的机械专业知识，她也没有“摆烂”，而是说：“虽然我不是很懂，多听几遍不就好了嘛！”她一遍遍提出自己的疑惑，同学们也耐心地为她解答。在那次比赛中，她们虽然没有取得优异成绩，但是那段团队合作的经历让她沉下心来突破发展瓶颈。

随着学习的深入，刘泓意识到成长不完全体现在掌握书本理论知识上，通过实践获得更深层次的提升也很必要。她热爱生活，有一分光，发一分热，传递着快乐与温暖。在经管学部维护民族团结、宣传少数民族文化的工作中，有她的一抹身影。面临新冠肺炎疫情的大考，她参与线上成长营，通过自己的知识和爱心，帮助医护人员的子女解决学习问题，并在社区担任疫情防控志愿者。她还在班级里组织拍摄防疫小视频，进行卫生宣传，传播正能量。每一天，刘泓都在探索着不一样的成长密码。

静待花期到来，保持独特节奏

在刘泓的朋友眼中，她有很多地方和别人不一样。对待学习和生活，她有自己独特的方式。

在学习与学生工作的时间分配中，刘泓提出了“持久战论”和“闪电战论”。在她看来，学习是一个长时间的事，需要养成习惯，做好打持久战的准备。而工作则像是突然插入的东西，完成它要注意效率，不耗费太多时间，适合打闪电战。所以，她一般是把学习放在白天，把学生工作放在晚上 8 点到 10 点。在睡眠管理中，她坚持“八小时论”。面临再大的压力，她也要保证每天睡够八小时。不管晚上几点睡，也不管早上几点起，睡够八个小时，不多不少。如果睡不够，第二天就找时间补上。

从小在父亲的要求下，刘泓每年寒暑假期间都会给自己做计划。小时候的她，每天只能完成部分计划，总会有达不到的目标。后来，她改变了心态，“达不到也不要急，也不是每天非得达到，只要没有浪费时间”。积累经验后，她形成了一个自己的标准：对于每天必须完成的重要目标，予以着重标记；对于可以延迟一两天的任务，写上必须于某天完成的“deadline”（最后期限）。

对于自己的能力，刘泓有清晰的认知。“有多大能力做多大事”，是她一直坚信的原则。辅导员推荐她去竞选“五四青年标兵”，她知道自己当时的能力还达不到要求，但还是愿意去感受答辩的过程，并投入适当的时间和精力去准备。看到考研的群友在群里分享夸张的学习进度，她觉得这样的速度不适合自己，也无意去和别人比这个。在她看来，学习时要保持自己的节奏。

无惧前路浩荡，依旧自信洒脱

炽热地、洒脱地、顽童一般地做好自己，这份信念给刘泓的生活增添了几分性情、几分颜色。

她参加过许多比赛，组织过许多活动，有喜出望外之时，也有结果不尽人意的时候。“革命尚未成功，同志仍须努力”，这是她经历挫折时对自己的勉励。“每个人的花期不同，不必焦虑有人比你提前拥有”，尽管摘取不到自己想要的花朵，她也不会认为自己不行。摘花的途中难免会被荆棘所伤，遇到挫折的她，会先将负面情绪发泄出来，然后接着努力，等待属于自己的花期。

虽然已经20多岁了，刘泓依旧爱哭。很多次，读完一本人物传记后，她一边回想这个人物的事迹，一边在本子上写下自己的感受，边写边流泪。在很多寂静无人的时刻，唯有一本书、一支笔、一个故事，还有一段无声的哭泣，与感性的她相伴。“至于吗？写个东西还哭，这么矫情！”她总是这样和自己对话。“不行啊！眼泪这东西和眨眼睛一样，忍不住。”

“她是一个站在舞台中央的人”，身边的好友这么评价刘泓。不论学习还是生活，她都能起到中心辐射的作用。第一次与辅导员交心聊天，她和辅导员陈倩老师形成了亦师亦友的关系，一起聚餐，一起聊八卦。在有些同学的眼中，她和辅导员的频繁互动是为了搞好关系，争取自己的利益。对于这种看法，刘泓只有一句话：“管他呢！”后来遇到各种评优评先活动，她会主动询问辅导员，了解评选的相关细节，然后带动同学们一起去争取。当有的同学发出“条件很高啊！我可能不行”的声音时，她会潇洒地说：“先冲一冲再说，选不选得上，没多大关系。”她不会刻意争些什么，却敢于让自己走向舞台中央。台下是掌声也好，白眼也罢，都和站在台上的她无关，她只做那个洒脱的自己。

关于人生的意义，刘泓在座谈中直言不讳地说：“直到现在，我还是不知道自己人生的意义在哪，可我觉得这并不会阻碍我继续走向未来。”人生的意义，不就是一直在路上，一边经历，一边寻找吗？

（王德坤 / 撰稿；王秋玲 / 校改）

果小曼

变与不变之间的梦想掌舵手

果小曼，女，湖北襄阳人。2017年毕业于襄阳市南漳县第一中学，考入文华学院经济管理学部，学习国际经济与贸易专业。入校之后，任班级组织委员。大学四年学习成绩名列前茅，获得国家奖学金，国家励志奖学金，文华学院一等奖学金、“三好学生”、“优秀学生干部”等28项奖励。在学好专业知识的同时，考取英语四六级证书、计算机等级证书、普通话证书、教师资格证和剑桥商务英语证书（BEC）。重视学以致用，在湖北省大学生营销策划挑战赛、全国大学生英语竞赛、全国高校商务英语竞赛中取得良好成绩。参加上海社会科学院举办的学术沙龙，提升科研能力，以第一作者的身份在《中国经贸导刊》发表论文。积极投身校青协组织的志愿服务与校外公益项目，与武汉市创益无限志愿者服务中心建立长期合作关系，提供课堂辅导，以促进留守儿童的健康成长；利用暑假时间，去偏远乡村支教。本科毕业后考上研究生，就读于南京农业大学。

“夕阳留径草，新叶变庭柯。”时间的变化对于这个女孩亦是如此，一边在变与不变之间兜兜转转，一边又被岁岁年年推着向前。靠在教室的窗边，阳光折射出她四年青春的模样，再看一眼窗外的景象，下课的铃声提醒她该去往下一站的远方。她在心中默默思索：在变与不变之间，哪一种模样才能让自己更好地与未来相见？

思变·扎根于遇见文华时

2017 年 9 月 8 号，这个女孩手里拿着一张“邀请函”，来到文华园路 8 号，满怀期待地站在红枫树下。这个来赶赴“约会”的女孩就是果小曼，她的命运轨迹在那一刻与文华交合。初遇文华的果小曼与大多数同学一样，像一只束缚已久的小鸟，向往更高的蓝天。既对大学生活充满期待，又因高考压力的反弹而选择放松心灵；既想学好，又想玩好，但这些想法在她与文华的一场场遇见之后逐渐改变。

遇见图书馆。大学生活刚开始，果小曼对学业很认真，但很少去图书馆。有次偶然进入，她感到很诧异。在此之前她也去过其他一些民办院校的图书馆，都不如文华的有氛围。门口陆陆续续进出的同学很多，过道里，走廊上，甚至是楼梯间，都能看到边拿着书，嘴里边在呢喃的景象。坐在椅子上，四周的同学们或三三两两，或独自一人，都沉浸在自己的知识世界里。“他们都在向着自己的理想进发吧，而我的理想又是什么呢？”她禁不住扪心自问。

遇见优秀的榜样。对有些迷茫的果小曼来说，下面两个优秀的榜样对她的帮助很大。首先是她的潜能副导师，上一届学生会的主席，后来考研至南京理工大学的法硕专业。正是在与学长交流学习经验的过程中，果小曼萌生了考研的想法。她进入学生会后，在工作、做人、处事等方面向学长学会了很多。这位学长与她同一个系，在专业问题上也给予了她很多指导。这位学长学习上一丝不苟，对待工作认真负责，对果小曼产生了很大的影响。

在大一的一次晚点评上，老师邀请了一位大三的优秀学长来分享大学生活怎样过才有意义。当时的果小曼和同班同学一样很迷茫，对于自己的目标也不明确，更谈不上有什么高大上的理想。大三学长以一个过来人的身份，分享了自己的大学经历，并给同学们提出了一些建议。首先是培养独立思考的能力，在任何时候都要有自己的判断，不轻易被别人左右。其次是明白自己想要什么，并为之努力奋斗。最后定下短期的目标和长期的规划，脚踏实地去完成。有一个过来人为自己指路，果小曼觉得自己最初的想法有些不合时宜。

遇见成绩单。很快，大一学年的学习结束了，果小曼也迎来了一整年的成绩单。用她自己的话说："排名还行，专业前五，有点惊讶。"但是，她认为自己的学习还有很大的提升空间。有了这样的成绩基础，再付出多一点努力，下次会不会成为专业前三？她在心里定下了这个小目标，既学好又玩好的最初想法开始动摇了。

渐变 · 悄然改变在言语间

果小曼善于表达，很有语言天赋。这让她在师生交流中有着很大优势，而她也在这些言语间悄然改变着。对于专业课程，她会主动和老师进行线上线下的交流。在上"国际金融学"课程时，因为课程难度较高，她每次都坐在第一排，听得特别认真。也许是姓氏特殊，老师对她的印象深刻，后来还专门问了她一个专业性问题，虽然她没能回答上来，不过也拉进了师生交流的距离。课堂上没弄清楚的问题，她会在下节课上课前向老师请教，有问题直接就问。

大二听说有国奖这回事的时候，果小曼专业成绩已经名列前茅。在同学们的鼓励下，她向自己的辅导员提出了争取国奖的想法。辅导员很惊诧，觉得一般只有大三大四的学生才有竞争力，在了解她的优势及竞争力后，辅导员并没有打击她的积极性，而是说很看好她。在后面的日子里，辅导员对这个事情很上心，一面把之前评上国奖的学生的材料拿给她看，一面鼓励她在后面两年里积蓄优势，进一步丰富自己。后来她参加国奖答辩，辅导员不断对她进行指导和关怀，那些看似平淡的话语，深深扎根在了她的心田。

大二的时候，果小曼还做了一件让人吃惊的事——以第一作者的身份在《中国经贸导刊》上发表了一篇学术论文。在大二就发表学术论文，在文华的学生中是很少见的。起初她对发论文根本不了解，直到后来遇见本专业科研能力很强的崔春莹老师。一开始她只是帮助老师搜集数据、查找资料，后来在和老师的交流中了解到发论文的步骤，并被老师鼓励去试一试。寒假在家，她在“中国知网”等科研网上尽力搜集信息，一些数据找不到，就动员自己的同学一起找。遇到要修改的地方，直接约上老师电话交流。从一开始的有些不好意思，到后来的习以为常，果小曼悄然发生着改变。

蜕变·实践中深层次成长

果小曼在改变中收获了很多，但她觉得自己要在实践中追求更深层次的成长。关于实践，她从对自己的认知到规划再到执行，都有自己独特的方式。

在认知方面，果小曼结合自己所学的专业知识，运用SWOT分析法对自己进行了深层次的剖析。认识到自己在自律方面有一定潜能后，结合学校的个性化教育，她选择网球作为自己的一项体育技能，并通过健身来保持自己的自律意识。这也是她一直能保持好身材，美丽且自信的一个原因。

在规划方面，果小曼有自己的追求，不盲目跟风，希望规划专属于自己的人生。在要不要考研这一问题上，她也有过纠结的时候。当时摆在她面前的有三条路：一是考研，二是考公务员，三是就业。父母想让她就业，身边有些家境好的同学想着回去继承家业或创业。但她通过SWOT分析，对以上几条道路进行了优势、劣势对比，最终顶住父母的压力，选择了考研，并脚踏实地，一步一个脚印地完成了自己的规划。

在执行方面，果小曼有自己的阶段性步骤。大一阶段保证专业成绩名列前茅，协调好社团部门工作与学习之间的关系。大二阶段通过四六级考试并参加各种比赛，发表论文。大三阶段保持专业成绩，备考BEC和教师资格证，做出考研规划。大四阶段备战考研，拿到国奖……每个阶段都有规划，并有条不紊去落实。此外，她还会主动寻找学校内外的实践机会，去探寻那些书本之中学不到的东西。不光是她自己，她也会带动周围的同学一起参与。在各种志愿服务、乡村支教、公益项目之中，都有她与同学们的身影。

（王德坤／撰稿；王秋玲／校改）

陈枭尧

站在光里的“孤勇者”

陈枭尧，男，湖北襄阳人。2018年毕业于襄阳市襄州区第一中学，考入文华学院信息科学与技术学部，学习计算机科学与技术专业。入校之后，刻苦学习专业知识，学业成绩稳居专业前三名；担任班级学习委员，引导班级形成良好学风；在文华的个性化教育中充分发掘潜能，在校毽球比赛中斩获冠军；获得国家奖学金、第十五届泛珠三角十大学生计算机作品赛总决赛二等奖、文华学院“三好学生标兵”“优秀学生干部”等奖励。本科毕业后，在上海艾铭思汽车控制系统有限公司工作，目前担任嵌入式软件开发工程师，主要负责汽车诊断通信开发工作。

陈枭尧是一个“特别”的存在。他是同学眼中“不屑于”考研的学委，也是辅导员眼中有点“不听劝”的小孩。除了上课时间，同学们几乎见不到陈枭尧，即使在路上碰到了，他也是行色匆匆。在室友眼里，他总在图书馆学习，很晚才回来。他的成绩以及学习态度让辅导员和同学们都认为他应该去考研，但他却没有这样做。他的特立独行有些出人意料，又好像在情理之中。

随机应变是才智的试金石

入学之初，陈枭尧就想着要在众多学生中脱颖而出。好好学习获得专业靠前的名次，赢得老师们的关注，这也是每一位新生对大学生活的期待与向往。但入学之后，陈枭尧的目标没有停留在这一层面。学业上取得优异的成绩是远远不够的，让老师和同龄人看重，并不是他的最终目的。他想要的，是提升自己的技能和阅历，做一个对社会有用的人。

在计算机专业知识的学习中，学习内容涉及 Web 前后端，陈枭尧更感兴趣的是前端部分，而后端是学校教学较重视的。为了满足自己的学习兴趣，陈枭尧找了多种方法学习，比如请教有经验的学长，或者在 B 站上自学。他在 B 站上看网页制作视频，边看边敲代码，看着自己做出来的网页，满满的成就感。就这样，陈枭尧兴致盎然地学了许多前端技术。

但是有一次，同样学习计算机专业的表姐告诉陈枭尧，以市场发展的前景来看，后端技术才是当下更为实用和火热的。在和表姐的沟通中，陈枭尧意识到了自己学习的片面性，仅有兴趣是不够的。不了解市场发展方向，就好像“无头苍蝇”，局限在自己的“井”中。

不停留在原地，不做只顾自己爱好的“井底之蛙”，这是陈枭尧在大学里看清的第一件事。当其他同学只埋头苦读书本时，陈枭尧在保证学业进度的基础上，还会关注一些企业的招聘动态。了解这些企业对人才的需求是什么，反思自己需要怎么做才能够符合这些企业的用人标准，再一步步提升自己。

不做随风摇摆的木偶

“你怎么不考研？”这是陈枭尧在大三期间经常听到的一句话。入学之初，陈枭尧规划着大学四年要提升自己的成绩、入党、冲击国奖、考公务员、求职，但始终没有考研这一项。“我不是高考失利才来的文华，在学习上我还缺乏很多技巧。”这是陈枭尧的自述。

大三时，教授操作系统课的老师告诉他们，考研要结合自己的个人情况，不能盲目跟风。大三下学期，身边一些同学开始备考研究生，陈枭尧也被备考的风气影响了一段时间，但他始终没有动摇。同学们都认为每天花费很多时间在图书馆学习、成绩总保持在前几名的他会选择考研。辅导员纪江叶老师也劝说过陈枭尧，希望他能进一步深造，但他还是坚持着自己的想法。

很多理工科同学的数学不好，陈枭尧却将数学学得很好。他的专业成绩名列前茅，大一大二学年的许多课程取得了接近满分的成绩。即便有这些优势，他还总是自谦道：“我在学习上缺乏很多技巧。”老师的期望和同学们的唏嘘都没有扰乱他的计划，他坚持走在自己的路上。在他的眼里，能力比学历更重要，多多动手实践，才能获得打开社会大门的钥匙。

变与不变都是挑战自我

人生道路上，有得有失，正视自己的不完美，才能成就一个接近完美的自己。注重自我管理是陈枭尧一向的行为准则：有明确的目标，不放弃任何一个成功的机会，遇到挫折不轻言放弃。“不显山，不露水”，这就是辅导员纪江叶老师眼中的陈枭尧。在学习和生活上，他没有让老师操心的地方，再加上不爱讲话，辅导员很难关注到他。在一次查寝中，纪老师发现这个“默默无闻”的孩子桌上整整齐齐地摆着十几本写完的草稿本。大二时，陈枭尧的成绩名列专业第一，让纪老师开始关注这个“不太爱说话”的同学。

“腼腆、不善表达”，是纪老师对陈枭尧的另一个印象。发现陈枭尧的这点不足后，纪老师开始“锻炼”他。她时常找陈枭尧谈话，找机会让他上台分享经验，将自己的故事说出来；也会在每学期末让陈枭尧帮扶其他同学的学业，协助补考的学生复习，在帮助他人的过程中锻炼他自己的沟通能力。慢慢地，陈枭尧变得更加自信，为他后来角逐国奖乃至求职起到了很大的推动作用。

陈枭尧从来没有止步不前，即使有弱点也能将之转化为亮点。上课时，他总坐在前两排，是班上“撑场子”的选手。老师提了问题，他常常是回答最积极的那一个。尽管他也有不足之处，但他更让人关注的是他身上的光芒。

偶尔觉得学业压力大，陈枭尧就会走一遍红枫大道——从宿舍楼到博学楼的一条直路。在走的过程中，他不用想着到哪一个地方需要转弯，也不用思考未来的任重道远。这时候，他有了片刻的安宁，可以安安静静地走着，慢慢放空自己，静下心来享受这片刻闲暇。分针并没有转动太多，但它擦掉了陈枭尧的一些烦恼。走完一趟，他更加清晰地看到未来之路。

孤勇但内心深处自带热度

在前进的道路上，也许一开始会有同行人，但随着时间的推移，每个人的脚步不一样，最终还是自己孤军奋战。对于陈枭尧来说，寝室只是一个睡觉的地方，大部分时间他都泡在图书馆或者工作室，他的时间分配给了保证精力的睡眠、保证学业的课程、参加竞赛的工作室。他总是一个人奔波忙碌着，没有花费太多的时间在人际交往上，而是一心扑在自己能力的锻炼上。

如果说，是谁让陈枭尧的内心时刻散发着热度，那就是同专业 2016 级的陶亦然学长。陶亦然在三岁时被诊断出先天性青光眼，他的左眼只剩光感，右眼视力也仅 0.2，可视范围极小。但被世界痛吻的他，却对世界报之以歌，一直保持着积极乐观向上的态度，在文华勤恳学习。陶亦然在大学期间获得了许多荣誉，大四时获得了国家奖学金，也被评为“全国大学生自强之星”。即使视力不如常人，陶亦然通过自己的努力获得了国奖这个学生时代的最高荣誉，这让陈枭尧深受鼓舞。每当要进行一些答辩的时候，他就会去请教陶亦然，从学长身上学到了很多。

一个人前行，纵然孤独、乏味，但为自己想要得到的东西而付出，还能有什么怨言？一个人，也能活得像一支队伍。内心深处自带热度，便永远不需要从其他人身上寻找安全感。回想大学四年，陈枭尧也感慨自己的改变：用堆成山的试卷习题取得了专业第一的好成绩；用大量的时间和精力去探索，用专业知识进行更有意义的创新实践。

陈枭尧从来没有沉迷在过去的荣誉中，未来的步调走得愈发笃定。他感谢周俊杰老师搭建的计算机网络平台。在那里，他有机会施展出自己的技能。他也感谢国奖答辩时辅导员纪江叶老师对他的帮助与指导。自身的努力给成功的大厦打下坚实的地基，外界给予的滴滴点点则是这座大厦竣工的保证，也是照耀在陈枭尧身上的一束束光。

从收到录取通知书，到踏进文华校园，再到登上一个个耀眼的领奖台，陈枭尧在转瞬即逝的大学四年里，以匆忙坚定的脚步，背着理想的行囊，奔向灿烂的明天。未来的某一天，同学们或许会想起这个“不屑于”考研的学委，辅导员或许会想起这个“不听劝”的小孩，也许会说起他的故事，思量这个站在光里的“孤勇者”。

（刘闽／撰稿；王秋玲／校改）

谭　琦

少女·士兵·学霸

谭琦，女，江西萍乡人，2017年部队退役军人。2018年参加高考，考入文华学院信息科学与技术学部，学习计算机应用技术专业。入校之后，把在部队练就的坚强作风带入学习中，刻苦努力，成绩连续三年排名专业第一。积极动员同学参军，报效祖国，所在专业先后有24名同学投笔从戎。大学期间获得国家奖学金、国家励志奖学金、全国大学生英语竞赛一等奖、文华学院“文华好青年”“五四青年标兵”“三好学生标兵”等奖励。专科毕业之年，专升本考入湖北师范大学计算机专业。

在青春焕发的年纪，她携笔从戎，用五年的时间磨炼了自己的意志与体魄；脱下戎装，回校复学，成为学习赛道上的领跑人。青春少女、退役士兵、学生代表，她的角色多变、精彩纷呈。

五年风华，书写别样青春

2013 年高考结束后，谭琦在家人的鼓励下，坐上了去往军营的列车到达北京，不曾想这一去就是五年。初入部队时，她体能欠佳，训练时经常掉队，身体也撑不住。看着其他战友将她甩下得越来越远，她也想过放弃，但她的心里一直有一个声音在说：“作为一名军人，我必须完成任务，军人从来不会屈服于困难！”靠着心中的信念，她坚持完成了每一次训练。曾经，军人在她心中只是一个模糊的概念，但在这之后，她真正领悟到了军人身上那份迎难而上的坚毅信念。三个月的新兵训练结束后，她被分配到空军军乐团当一名文艺兵，除了日常基本的体能训练外，还要练习乐器和排练各种曲目，偶尔参加一些文艺演出。其实在此之前，她从未接触过任何乐器，而吹奏小号远比她想象的更加困难，她只能比别人付出更多时间去练习。

在军营，令她印象最深的是一次体能测试。刚开始跑了几圈之后，她的身体渐渐吃不消，甚至开始发热咳嗽。幸好有体能好的队友跑到队伍后面来，拉着她和掉队的其他战友一起跑，有的队友被拉着跑了五六圈，最后才成功通过考核。测试结束后，谭琦的脚上磨出了很多血泡，连行走都十分艰难。在部队的学习生活中，战友的互相扶持和体贴关照让谭琦体会到了浓浓的温情。“队友在最艰难的时候给予我帮助和鼓舞，在最难熬、最想放弃的时候给我一种难以言说的力量和动力！”后来，部队里开始有了演出，一些学校和单位也会请她们去表演，她慢慢地找到了其中的乐趣，渐渐适应并十分享受部队的生活。

七十阅兵，满腔热血我无悔

2015 年，是中国人民抗日战争暨世界反法西斯战争胜利 70 周年。当时在天安门广场举行的 70 周年阅兵，是中国首次规模浩大的抗战胜利日阅兵。谭琦有幸参与这次阅兵，并担任联合军乐团小号手一职。军中有这样一句话：“一次受阅，一生光荣。”台上一分钟，台下十年功，抗战阅兵训练的曲目难度远远超过平时的训练难度，加上时间紧迫，每个人都要加班加点训练曲目，还要将所有曲目都背诵下来。想在短时间内达到阅兵的标准，对于当时初学小号不久的谭琦来说是一座难以翻越的大山。为完成这个艰难而又光荣的任务，她常练习到嘴唇干裂出血都不休息。阅兵演奏的任务不仅要求演奏能力高，还要求每一个人达到“站四小时不倒，坐四小时不动，练四小时不乱，吹四小时不错”的标准。为保证阅兵当天站四小时不倒，她每天晚上加训体能，增强自身体能素质；为达到“四小时端号纹丝不动”的目标，她坚持每天在小号上挂两瓶水……为期三个月的阅兵集训，每天训练都要站立演奏一个上午，汗水从头上流到眼睛里，再流到衣服上、鞋里，水泥地板上也印下了一道道汗迹。哪怕气温达到 40℃，她们依旧照常训练，只为在阅兵当天向所有人展现最绚丽的风采。

在阅兵当日，谭琦和队友早上五点进场。在炎热的夏天，拿着沉重的乐器，保持全程四个多小时一动不动地站立。谭琦一边深呼吸一边告诉自己：“不能倒下，绝不能倒下，一定要坚持到最后！”就是凭着这股意志，她坚持了下来。

对于抗战阅兵，谭琦感触最深的就是升国旗的过程。她望着国旗冉冉升起，不知不觉中眼眶湿润。那一刻，她深感这些天的努力都是值得的。那情境，真可谓：“参军报国赤子丹心，满腔热血青春无悔！”

退役复学，坚定信仰塑傲骨

从部队退役后，谭琦参加高考，进入文华学院学习。高中读文科的她，在选择专业时毅然报名计算机应用技术专业，只因内心对理科的热爱与追求，以及对计算机的着迷与向往。刚开始学习专业时，她是有困难的，因为学习内容与高中的大相径庭，尤其是学生公认最难学的 C 语言课程。谭琦带着军人的意志，迎难而上。她的学习方法并没有特别之处，即“课前预习，课中参与，课后复习”。这种学习方法看似简单，真正落实起来却不容易。她每天都会在课前预习，标记出第一遍看不懂的地方，上课时注意听重点和不易懂的知识点；课后完成作业，复习巩固各科老师讲的内容，遇到问题及时与老师或者同学交流。

学生之中流传着这样一个说法：大学教室前两排是学霸区，三四排是学习区，五六排是休息区，最后两排是“学渣”区。谭琦却不一样，她喜欢坐在阶梯教室的最后一排，因为坐在那里看黑板或 PPT，可以平视，学习时就很舒服。数电课的老师讲课时会关注学生的反馈，由于最后一排的谭琦十分认真，老师就特别关注她，时常走到她身旁指导练习。不只是数电课的老师，另外几位老师也是如此。也正是因为这些耐心又负责的老师，谭琦才会有现在的成绩。

学习是循序渐进、缓慢积累的过程，需要十足的耐心坚持到底。在学习上，谭琦始终严格要求自己，制订自己的学习计划，从长远计划再到每年计划、每月计划，甚至落实到每天需要完成哪些任务。她根据每日计划去分配时间，并在规定的时间内完成任务。一分耕耘，一分收获。她获得了专业第一、一等奖学金以及“三好学生”等荣誉称号，并获得 2020—2021 学年度国家奖学金。在荣誉背后，是她无数个日夜的努力拼搏。

明确目标，书香与梦想齐飞

文华学院积极打造个性化教育办学特色，创建多样性创新人才培养模式，努力为学生的成长和发展提供最适合的教育，这给谭琦提供了广阔的空间。“我可以按照自己的兴趣爱好来选课，能选自己想选的方向，这对我是很有帮助的。”谭琦一入校就明确了自己的目标。她的首要目标是把成绩赶上去；其次是学好专业知识，掌握计算机相关领域的方法；最后就是多考一些专业证书，如英语四六级、计算机二级等。随着学习的推进，她又有了新的目标——专升本和考研。现在，她已经通过专升本，进入湖北师范大学学习。

勇于承担，服务他人助成长

大学期间，谭琦担任了文华学院国防教育学生委员会副主任一职，主要负责委员会的宣传工作。同时协助学工处开展国防教育，接收退役复学学生，以及开办“试炼班”，让普通学生感受军旅生活，培养吃苦耐劳精神。任职期间，谭琦每周都要主持召开部门会议，总结上周工作情况，安排下周工作。此外，她还负责编写官方公众号上与军队有关的内容，为想参军入伍的同学们答疑解惑，并动员身边同学参军入伍报效祖国。另外，她还担任 2019 级计算机应用技术专业潜能副导师一职，协助辅导员开展思想政治教育和学生事务管理工作，对同学们进行正确引导，让他们更加明确未来的方向。

从少女蜕变成士兵，从士兵又蜕变成学霸，谭琦的青春充满了故事与挑战。更多的故事，更大的挑战，正在等着她。

（向朝新／撰稿；王秋玲／校改）

毛　莹

从零到一的成长与蜕变

毛莹，女，浙江衢州人。2019年毕业于江山市滨江高级中学，考入文华学院经济管理学部，学习财务管理专业。入校之后，学习上锐意进取，参加多项学科竞赛，与团队成员合作发表学术论文；加入学部学生会宣传部、大学生自律委员会学习部，投身校内外志愿服务活动，乐于奉献；获得国家奖学金、全国大学生英语竞赛二等奖、第六届中国国际“互联网+”大学生创新创业大赛湖北省银奖、文华学院一等奖学金等奖励。目前正在准备专升本考试，并决定报名参加2022年下半年的征兵活动。

她不是人群中的焦点。走在路上，她毫不起眼；在教室里，她也不是那个永远坐在第一排与老师面对面交流的学生。她和许多普通的学生一样，所不一样的只是稍稍多了一股韧劲。

冲出温暖的避风港

来文华报到的那一天，毛莹和妈妈从西南门进入校园。据毛莹回忆："当时路上空无一人，安安静静的。"在路上，她遇到了买早饭的门卫叔叔，他给毛莹带路，帮助母女俩搬运行李。这是毛莹初到文华的经历，也是她在文华收到的第一份温暖。她来自浙江，在80个高考志愿里滑档滑到了专科，心情非常低落。但是一进入文华的校园，她就感受到了温暖，从中得到了一丝慰藉。

从前，毛莹比较内向，不太善于同他人交流。来到新环境的她，希望走出原来的舒适圈，去接触更广阔的世界。在文华有许多尝试的机会，她借此弥补了高中时期的遗憾。高中时，她也曾有过一些做志愿者的机会，但是妈妈认为高中生应该以学业为重，反对她在志愿活动上面花费时间，毛莹只好放弃。进入大学后有许多志愿活动，只要有时间，她就去参与。虽然志愿活动经常是刚发出消息就被一抢而空，但毛莹总能耐心地去找做志愿者的机会。慢慢地，她也去参加一些校外的志愿活动，和不同的人打交道，并适应这个陌生的城市。时间久了，毛莹的性格变得开朗起来。在举目无亲的武汉，她找到了友情和热爱。

在好友彭钰的眼里，毛莹是个"工作狂"，假期也没有闲着的时候。每个寒暑假，只要有时间，毛莹就去实习，不管那份工作是否与专业有关，她都愿意尝试。她做过宣传工作，也做过档案录入员，每一次实习得来的薪水，她都会攒起来做生活费。有时晚上在操场上听歌、放松，想起要写的材料，她会拿着手机打着光写。在她的身上有一股韧劲，有事情要做就立马去做，从来不会拖拉。一旦开始做，即使不睡觉、不吃饭，也要做下去，直到完成。用她自己的话说就是："事情一旦开始，我投入的话，不管几点，不睡觉、不吃饭，就希望把它做完。"

毛莹曾说："说和写不是我的强项，但我不想当机会来临时，我只能说一句'我不行'。"所以她很珍惜每次上台讲话的机会，每次发言前都会认真准备材料和讲稿。对她来说，每一次平凡的经历都是不平凡的历练，走出自己的舒适区，离开温暖的避风港，才能有更多收获。

做不断向下挖掘的"矿工"

在高考志愿填报时，毛莹填报的专业全部都是财经类。她起初对这些专业并没有概念，但误打误撞，开始正式、系统的学习后，她发现自己对这个专业非常感兴趣。大一刚接触到专业知识，她认识了教专业课的陈凤林老师。陈老师温柔又有耐心，引导她在学习上摸索，使她的专业兴趣更浓烈了。大二时，税法专业课刘伟老师比较严厉，吓唬同学们这门课的挂科率很高，这使得毛莹学习更加认真。最令她回味无穷的课程是实训课，在这门课程的学习中，杨红娇老师总是一点点为"多疑"的毛莹解答问题，她在最后的结课考试中取得了 100 分的好成绩。她高兴地跑去感谢，杨老师说："不要觉得 100 分很难，只要跟着老师的节奏认真学，就可以取得很好的成绩。"从那以后，毛莹更加努力地跟随老师的节奏学习。在她眼里，老师们能把那些生硬枯燥的概念讲得通俗易懂，甚至将之变成沁人心脾的甘露。

毛莹从不止步于专业知识的学习，也会通过其他途径拓展自己的能力。她是 Dteam 工作室的一员，工作室的每个成员都有一个“小格子”，可以在里面安静地学习，这也是她准备比赛、小组讨论或预答辩的地方，是一个一进去就能心静的地方。大一暑假期间，她参加了第六届中国国际“互联网＋”大学生创新创业大赛。那是她第一次参加这类活动，她所在小组的研究项目是做全新驱动器电路的可控雾化器，她负责财务部分——预测该产品的市场。这个项目没有具体的实体公司，所有的市场数据都要自己去搜集整理，这对于才接触专业知识的她来说是个大挑战。那时，她只能凭借浅薄的专业知识去一点点摸索，但她坚持做了下去。在 Dteam 工作室里，团队成员为了同一个目标共同奋斗，共同发光照亮自己和他人，那段一起探讨、努力、拼搏的时光，是毛莹心中最美好的回忆。也正是在这个工作室的沉淀，让她认识到：一滴水只有放进大海里才不会干涸，一个人只有和集体融合在一起才最有力量。

毛莹敢于大胆尝试，总有一些“奇思妙想”，也曾坦言想要入伍当兵。这个看起来温婉柔弱的女生，骨子里却是坚毅的，一直有一个军旅梦。她小时候看过电视剧《我是特种兵》，女兵们飒爽的英姿深深地刻在了她的脑海里。她也一直在为入伍做着准备，在 2022 年 3 月做了近视手术，想等到专升本考试结束后，参加下半年的征兵。不管结果如何，她总想着试一试，不想留下遗憾。未来也许会有更多的事情成为实现梦想的羁绊，不如趁早现在就去实现自己的愿望。

在默默努力中成长

很久之前，拿国奖的种子就在毛莹的心中埋下了。大二上学期，辅导员李吕婷老师请来了获得过国奖的邵欣怡同学来做经验分享。李老师问大家，有谁想要拿国奖？当时举手的人很多，毛莹没有举手，但和坐在身边的好友彭钰小声说了一句：“我也要拿国奖。”当时，毛莹认为自己还不能达到拿国奖的水平，她只暗暗在心里设下目标，没有将这个心愿摆在明面上，而是默默努力着。

后来，毛莹以全专业第二的成绩，拿到了学校的一等奖学金。但她知道，光有这个敲门砖是远远不够的，还要继续努力才能达到想要的那个水平。在寝室休息时，她会极力克制自己，不将手机带上床，既防辐射，也防沉迷。她也有忘记单词打卡或上课走神的情况，但会及时止损，通过制订计划，推动不够自律的自己。

大二下学期，毛莹参加了学部的“三好学生标兵”评选，落选了。对她而言，这次失利也是一次新的开始。在答辩现场，她见到了许多优秀学长学姐们的精彩答辩，为她日后在国奖的答辩场上绽放光芒提供了经验。

大三上学期的国奖答辩是毛莹的高光时刻。那时，她很久没有在很多人的注视下，通过答辩来介绍自己的学习成果。轮到她上场时，答辩设备出现了故障，她的 PPT 无法正常播放。已经登台的她，没有那么多时间去思考下一步该怎么做。她深吸一口气，回忆起自己反复打磨出来的讲稿，顺利地完成了答辩。两年前，在“互联网＋”比赛的线上答辩时，她紧张得双腿发抖、声音发颤。也许就是那一次不太完美的答辩经历，换来了毛莹后来在国奖答辩现场的优异表现。这个默默努力的女孩，经过失败的历练，成功获得国奖。

曾经的失败，将毛莹推向了更高的舞台。而她告诉自己：“我还有很多想要做的事，获得国奖只是一个过程，并不是永远。”

（刘闽／撰稿；王秋玲／校改）

宋诗理

逐光而行，行将致远

宋诗理，女，湖南长沙人。2019年毕业于湘阴县第一中学，考入文华学院机械与电气工程学部，学习机械设计与制造专业。入校之后，刻苦学习专业知识，积极参加学科竞赛，学习成绩连续三年名列专业第一；担任班级团支书，组织开展团会、团日活动，作为主讲人在校级十佳百优特色团会和团日答辩中获得奖项；主动参与校内外志愿服务活动，志愿服务时长达150小时；获得国家奖学金，全国大学生英语竞赛三等奖，文华学院一等奖学金、“优秀共青团干部”、“优秀共青团员”、“学雷锋积极分子”等奖励。专科毕业后，准备升本考试。

她就像一块海绵，原本并不起眼，也会感叹自己渺小无力。但是通过不断汲取身边“水”中的养分，她逐渐变得强大，强大到可以为别人做支撑。

就地扎根，努力成长

从湖南到湖北求学，环境的改变曾让宋诗理不适应。但她很快调整好心态，慢慢形成自己的习惯，适应了在文华的生活，开始新的征途。她是个独立的女孩，用她自己的话来说：“我的适应能力比较强，大部分事情我一个人就可以解决。”

在宋诗理很小的时候，父母就培养她的独立意识，让她自己做决定，自己承担责任。高中时，高强度的学习一度让她不堪重负，甚至有点自暴自弃。幸好有父母的积极引导，她学会了正确面对得与失。高考失利后，她并没有一直沉浸在沮丧中。她坚信，好好读专科也有前途，以后再读本科也来得及。在家人的支持下，她选择了文华，选择了自己喜欢的机械设计与制造专业。

来到文华后，宋诗理跟随自己的想法，大胆去做，努力成长。学校不仅开设了机械原理、机械制图等理论课程，还有 SolidWorks、CAD 等实用课程。在老师的引导下，她不断夯实自己的知识基础，并将书本知识应用在实践中。随着学习的深入，她对所学专业愈发喜爱。一有空闲时间，她就去网上找资源自学，拓宽自己的知识面；上课时认真听讲，老师没有讲到的问题，她就课下去找校内外的老师积极求助；知道哪里有自己感兴趣的课，她就去蹭课。这种主动学习的态度，让她收获了很多必修课以外的知识。虽然她也曾后悔，在入学时没有加入一些与机械相关的工作室，错失了许多参加学科专业竞赛和认识“大佬”的机会，但她明白，自己要为当初的选择负责，承担这些遗憾，并把遗憾变为动力。于是，她将更多的精力用于理论学习和专业实践，平时的寒暑假期都在实习中度过，以此提高自己的实践能力。

带着坚韧，走向未来

辅导员吕晏莹老师发现宋诗理很善于表达，于是从大二上学期开始，推荐她去参加一些答辩和主持的活动。第一次参加活动时，她认真听了辅导员的指点，了解了如何做 PPT，如何写稿子，就回去准备材料。第二天现场答辩时，她表现得完全不像新手，这令辅导员有些惊讶。下台后，她告诉辅导员，为了准备这次答辩，她头天晚上没有睡觉，一遍遍地修改、练习自己的稿子，这才有了台上精彩的表现。她就是这样坚韧不拔的人，对于自己想做的事，一旦设定好目标，一定会全力以赴。

在准备国奖答辩的过程中，宋诗理可谓“认真狂魔”。她知道，能参加国奖答辩的同学，个个都是佼佼者，和这群优秀的人同台竞争，需要付出更多的心血。于是，从 PPT 的初期制作到逐步完善，从答辩稿的准备到台风的设计，每一张 PPT、每一句演讲词，她都极力做到最好。不满意的地方就改，不会做的地方就学，通过观摩别人的演讲，不断完善自己的答辩。这是个不断重复的过程，但她一点都不觉得枯燥，心中那团“不服输”的火苗一直在燃烧，激励她改到最后一秒。终于站上了答辩的舞台，她有条不紊地向台下的评委、老师和同学讲述自己的故事，声音温柔却坚定有力。果不其然，她的名字出现在获奖名单上。

一进入大学，宋诗理就给自己做好了规划，她把规划分为短期、中期、长期，并结合学校的“一人一规划”，逐步明确自己的人生方向。作为一个专科生，她准备专升本，然后再考研，并早早确定好了目标院校。她说：“虽然我想去的学校现在看有难度，但我会一步一个脚印地走向它。即使最后没有如愿，只要我踏踏实实走过每一步，就会有收获。”

逐梦路上，与友同行

宋诗理很擅长结交学友，“找不到同行人，那就把别人变成同行人”。她会带动身边的朋友、室友、同学一起学习，结成学习共同体。大家聚集起来，一起学习，一起进步，一起努力向前看。每当有人打退堂鼓，宋诗理就用团队的力量激励他。在她看来，逐梦的路上，能有人一起结伴同行，朝着光的方向前行，是一件幸运的事情。她相信，在未来，大家都会在自己选择的领域里发光发亮。

逐梦路上，宋诗理总是力所能及地帮助别人。疫情期间，她热心地把自己的课堂笔记分享给大家；准备专升本考试时，她也主动地分享整理好的资料。哪怕遇到自己没有的资料，她也会帮忙搜集整理，并把搜集整理的方法告诉大家。作为班里唯一的女生，她还积极为同学们排忧解难，成了班级的“大姐”；作为团支书，她关心同学们的生活状态和思想动态，努力引导同学们一起成长。在老师的心目中，她性格外向，善于沟通，是个积极主动、乐于奉献的人。每当需要她帮忙时，她总是义不容辞，带着一群“小弟”出现在老师办公室门口。对于老师交代的每一项任务，她都能保质保量地完成，是老师的得力助手。老师的信任和鼓励，让她有了强大的动力；同学们的一声声“谢谢”，给了她莫大的力量。不过在一开始，同学们并不理解她。时间久了，大家才发现，她是真的想让班上同学共同进步，于是逐渐接受并肯定她的各种努力，支持她的各项工作。

曾经，宋诗理是个自卑的女孩，总觉得自己低人一等，有很多负面情绪。后来，在文华，她勇于抓住机会展示自己，充分汲取成长的养分，带着坚韧与执着，逐光而行；结交志同道合的朋友，携手同行，行将致远。

（刘闽 / 撰稿；邓娟 / 校改）

魏子豪

做一面独特的风筝

魏子豪，男，湖北宜昌人。2017 年毕业于襄阳市第五中学，考入文华学院经济管理学部，学习工商管理专业。入校之后，努力钻研，积极参加多项学科竞赛，获得文华学院一等奖学金、“三好学生”、“优秀学生干部”等奖励；担任班长，曾在经管学部学生会主席团担任主要职务；赴美参加学术交流项目，进入多家企业实习实践；参加“互联网+”大赛，成功获得国家级大学生创新创业项目；疫情期间，响应党的号召，在社区中志愿服务时长达 100 小时。本科毕业后，创立了湖北聚久餐饮管理有限公司。

也许是忙于找实习单位，也许是积极投身于志愿活动，也许是来一场说走就走的旅行，每个人都有不同的办法度过自己的暑假。魏子豪选择了与一群志同道合的伙伴一起，奔赴远洋之外的异国，为自己的大学生活刻下了浓墨重彩的一笔。“我想出去走一走，看看这个大世界。”歌曲《流浪》的这句歌词，唱出了他的心声。

明确自己该奔赴何方

大学的第一个暑假，魏子豪做出了一个勇敢的选择：通过文华学院的国际交流处，去美国参加社会实践交流访问项目。在美国，他亲身体验了不同的风土人情，累积了工作经验，更收获了跨越国别的深厚友情。而那段经历，在他的内心深处埋下一粒种子。飞机的轨迹划过高空，也划进了他的内心深处，带来一种朦胧的向往，牵引着他的心飞向远方。

和身边很多同学一样，最开始的魏子豪，目标是在国内读研，获得硕士文凭。结合自身高考分数，他选择来到学风好的文华学院。大一的他，在许多方面展示出了自己的积极性，竞选班长、加入学生会和社团、参加创业项目、担任活动主持人……几乎所有他感兴趣的方面，他都乐于去尝试。在不断的尝试中，他的领导、组织和表达能力，既在不断展现，亦在不停进步。在他的身上，充满了不确定性，没有人能知道，这个男孩的身上还有多少潜能静静蛰伏，等待着主人去开发。照这样发展，也许他会和很多优秀的同学一样，忙碌而充实地过完自己的大学生活，然后用努力换来研究生学位。转折出现在大一那年暑假……得知学校的国际交流处在组织赴美社会实践，魏子豪心头一动。他的叔叔曾在美国弗吉尼亚大学硕博连读，并在美国工作过，前两年回国自主创业。叔叔是他学习的榜样，眼前这个机遇的出现，让他心中的目标变得不再遥不可及。在和叔叔商量后，魏子豪跟随学校的团队一同飞向大洋彼岸，经历了一段充实而精彩的旅程。独立，自信，向往，交流，满足……虽然只有短短的三个月，但魏子豪在旅程中收获多多。

回到学校以后，魏子豪隐隐知道了自己想要朝什么方向发展，但还不够明确。辅导员朱秀云老师细心地察觉到他的想法，劝他："你可以和父母商量一下，如果他们同意，我们就一起竭尽全力往前冲！"辅导员的鼓励给了魏子豪一颗定心丸，明确自己的想法后，他征求了父母意见，下定决心："要走出去！"

那以后，魏子豪的大学生活有了一个明确的方向，他开始心无旁骛地向前奔赴。

别限制自己翱翔的方式

魏子豪的学习效率给身边的人留下了深刻印象。相较于照本宣科的学习，他更在意的是如何在学习上创新方法与不断进步。在教室中间的前排，总能看到他的身影。他拿着一个 iPad，边思考，边将自己需要的内容记录下来。努力的形式并非要千篇一律，效率是魏子豪努力追求的东西。

从大一到大三，魏子豪的成绩均是专业第一。在获得国家奖学金前，他已先后获得了学院一等和二等奖学金。哪怕是后来走上了国奖答辩台，成功获得国家奖学金，也没有影响他继续备考托福、GMAT 等考试。在他的眼中，学习仿佛是一种理所当然的使命、一条实现理想的必经之路。

对于很多人来说，保持优异成绩与兼顾社会实践活动是极有难度的，但魏子豪充沛的精力、出众的学习能力和理解能力帮助他二者兼得。

许多人只看到魏子豪在平衡学业与实践时的游刃有余，却忽略了他在课外的自主学习以及和老师的积极沟通。一个人成功的因素有很多，只有天分，没有努力，又怎会有实际的收获？

魏子豪将目标设定为去美国读金融硕士，他在认真吸收学校课程知识的同时，始终在思考自己还需要学什么。对于自己感兴趣的知识，他会积极寻找相关的课程，未曾放松对知识的追求。虽然他也忙于学生工作和社会实践，但高效自律的学习方法为他填补了学习时间的不足，也为他成绩始终名列前茅，最后获得国家奖学金做好了铺垫。他不在意别人的看法，不给自己设限，努力飞得更高更远。

风筝离不开牵引它的线

犹如风筝的翱翔离不开风筝线，在奔赴梦想的旅途中，也有着一根根“线”牵引着魏子豪，防止他偏离航道。

“你确实优秀，但是比你优秀的人有很多，所以你要更努力地去完善自己。”在魏子豪取得成绩的时候，辅导员朱秀云老师会鼓励他，也会告诫他要始终保持追求进步的心态。除了帮魏子豪规划成长路线，助他坚定理想目标之外，朱老师也引导他如何成为一个更优秀的领导者，在生活与学业上帮助其他同学。

其他任课老师对学生的关爱，也让魏子豪印象深刻。如讲授管理经济学的孙跃老师，会在每节课认真检查每个学生的笔记，确保大家在课堂上有所收获。也正是在他的课程中，魏子豪知道了从字迹中可以分辨出一个人的态度，也深深感受到了管理经济学的实用。

讲授管理学的梅琳老师，在课堂上经常讲一些小故事、寓言和心理测试题，让魏子豪意识到管理学其实就在我们每个人身边。梅老师独特的语言和思维方式，使魏子豪初来文华时就对这个专业产生了浓厚的兴趣。

实践方面，讲授人力资源课程的陈静老师也给魏子豪带来了诸多启发。幸运的是，除了授课之外，陈老师还是他的实习指导老师。课下的时候，他常会带着问题与陈老师展开讨论，这种师生交流让他受益良多。

文华的老师们，是一根根引导魏子豪的“风筝线”，使他能够大胆地在天际翱翔。

一步一步往上攀升

表达自己的能力，展现自己的意愿，这是魏子豪在文华发掘出的自身潜能。从他的口中，经常能听到一个词：输出。在他看来，无论做什么事情，既要有输入，更要有输出。

学校的班级工作、学生会工作、暑期的赴美交流实践……充实的经历帮助魏子豪取得了在招商银行实习的机会，也让他深切体会到稳步前行、积累优势的重要性。

“不要好高骛远，而要脚踏实地，踩着台阶一级一级往上走。不论最后你的目的是否达成，过程中的这些收获都是切实存在的。”在自己的规划中，魏子豪学会了使用总分结构：在确定一个主要目标后，再分段列出不同的次要目标，然后一步一步地将其完成。受益于这个习惯，魏子豪在不断的尝试中，屡屡得到自己想要的结果。

如果要用一个词来形容魏子豪的大学生活，最合适的词也许是“充实”。竞选成为学生会主席，跨校组队参加“互联网＋”大赛，疫情期间在社区进行百余小时的志愿服务，去中国银行湖北省分行实习并获得“优秀实习生”荣誉称号……这些“充实”不只体现在他自身的成绩上，还体现在他所在班级获得的“学雷锋优秀集体”“校运动会团体总分第一名”“优秀分团委”等诸多荣誉上。这些荣誉是对魏子豪及其班级同学的肯定，也成为他向更高点攀升的基础。

在同一片天空，还翱翔着许多其他的“风筝”。魏子豪知道，自己可能不是其中最显眼的那一面。即使如此，他依旧迎着吹来的风，不知疲倦地继续飞翔。

这一面“风筝”，已经有了自己的方向，也有牢固的引线。他追求的不是飞得最高，而是飞到自己想去的地方。

（占昊／撰稿；邓娟／校改）

邓依帆

欲演怒涛之势，必存风柔之心

邓依帆，女，湖北黄冈人。2018年毕业于红安县第一中学，考入文华学院人文社会科学学部，学习汉语言文学专业。入校之后，脚踏实地，每学期成绩均排名专业第一，平均学分绩点4.15；担任班级学习委员、学部党务助理、新生潜能副导师，带领所在集体取得多项荣誉；担任学生支部组织委员，认真履行党员义务，主动参与线上支教、疫情防控等志愿服务；多次参加语文教育类专业实践，获评“优秀实习个人”；获得国家奖学金，全国大学生文学作品大赛二等奖，全国大学生英语竞赛二等奖，湖北省翻译大赛三等奖，文华学院一等奖学金、“互联网+”校赛一等奖、“三好学生标兵”等奖励。本科毕业后，备考语文学科教学专业研究生。

认识邓依帆的人常说："她是一个温柔的人。"而她自己则说："可能在去年的这个时候，我还不觉得自己是一个温柔的人，不觉得那是对我的正确评价。但越来越多的人这么说，我感觉自己好像的确变成了一个越来越温柔的人。"

是"被另一棵树推动的树"

2018 年，邓依帆成为一名大学生。选择了汉语言文学专业的她，高中时却是理科生。说起她的高考之旅，似乎可以用"一波三折"来形容。

为了考上更好的学校，邓依帆选择了艺考之路。兼顾文化课与艺术课，让她吃了很多"苦头"。收获了浙江传媒学院等其他一本院校艺考合格证，却因为文化课的不足，她与梦想院校失之交臂。和许多选择随遇而安的人不同，她做了一个大胆的决定——放弃艺术道路，改学文科。做出这个决定，是因为她心里一直有着一个教师梦。

从小就想当老师的邓依帆，是"被另一棵树推动的树"。初中时，她遇到了一位特别的语文老师，不讲成语诗词，不攻"背诵大山"。在这位老师的课堂，林徽因与梁思成的浪漫爱情在教室溢满樱花的芬芳；和李白举杯赏月，不用 AI 技术也可实现……这位老师似乎并不在意分数，但学生的成绩却名列前茅。"虽然他看起来好像不那么专心地给我们上课，但实际上我们的语文成绩很好。所以我就觉得很奇怪，为什么上他的课很开心，也没有压力，却能把语文学好？我也很想当一个像他那样的老师，让学生爱上文学。"邓依帆对于教师这份工作的感悟，是从课堂中一个又一个小瞬间滋养出来的。

"我想走的那条路，任重而道远。我愿安静地沉淀，温柔地坚持，秉持那份从初中开始就有的初心，帮助学生探索文字世界，感受文学魅力，做学生求学路上的一盏明灯，为语文教育贡献一份微薄的力量。如果能实现这个初心，我想那份高光就永远不会暗淡。”这是邓依帆内心的独白，也是她一路前行的明灯。

细腻的心开出热烈的花

无论是小学同学说的一句安慰的话，还是初中老师给予的一句鼓励，这些微小的事情在邓依帆的脑海里都记忆犹新。似乎时间从她的身旁呼啸而过，却不能冲淡她的记忆。心思细腻的特点，让邓依帆有些特别。

从大二下学期开始，教室右边第三排有了邓依帆的固定位置。她对第三排的钟爱，有自己的原因。“教室的屏幕大多在右边，坐在这里抄写笔记更加方便。”在她的生活里，细腻的心思随处可见。

在一次以《红楼梦》解读为主题的课程论文中，邓依帆的选题脱颖而出。她注意到了黛玉品茶的细节，选择以此为切入点，深入挖掘，解读中国的茶文化。同学闫斌斌说：“她的笔记比我们的详细很多。不仅仅是老师 PPT 的内容，可能老师顺口提的东西，她都会注意到，也会思考一些其他的问题。”

从大一入学开始，邓依帆便确立了明确的目标：在思想上积极上进，争取加入中国共产党；在学习上勇立潮头，争取考上师范类研究生；加入学生组织，锻炼自己的综合能力。在“一人一规划”里，邓依帆这样写道，“主动寻找比赛项目和参赛机会，以赛促学”，“竞选潜能副导师，留任非遗学社”，等等。她的想法一个接着一个，而“锻炼”“组织”“克服”“展现”等字眼，显示出她在“想、说、做、成”上的一步又一步。

她要月亮奔她而来

在对自己的期望中，邓依帆这样说道：“我希望成为一个游刃有余的‘斜杠’青年，变成自己眼里的‘别人家的孩子’。”在行动上，她对自己的要求“格外严苛”。

闫斌斌是邓依帆的同学好友，但很少跟她一起去早自习，因为“她太自律了，我起不来”。在学习中，认真听讲，整理笔记，这对邓依帆来说远远不够。将琐碎的知识点汇成体系，努力形成系统观念，甚至产出一些独到的观点和别具一格的设计，这才是邓依帆的目标。

作为中文系的学生，邓依帆一直将“能说、会写、善策划”的要求记在心中。为了锻炼表达能力，她一次次主动承担校园活动的策划和主持工作；为了跳出舒适区，她主动学习新媒体技能，尝试新媒体方向的实习工作，让表达不局限于语言和文字。

大学四年里，邓依帆很少主动和身边的人提起自己在干什么，但大家常常在参赛或获奖名单里发现她的名字。她默默无闻地努力着，也源源不断地收获着。

她足够优秀，但常常摇着头摆手说：“我还不够努力。”她的目标不是仅仅做得好一点，而是要好到“特别”。什么才是特别呢？她说：“当你做得足够好、走得足够远的时候，你将在人群中变成一个特别的人。”

（陈潇彤／撰稿；王秋玲／校改）

柳芝诺

从看见光到成为光

柳芝诺，女，广东东莞人。2019年毕业于石龙中学，考入文华学院人文社会科学学部，学习网络与新媒体专业。入校之后，刻苦学习专业知识，成绩优秀；积极参加学科竞赛、文艺比赛和校园活动；担任班级学习委员，积极营造班级优良学风；曾任校新媒体运营中心部长，负责运营校官微宣传工作；主动投身社会实践活动，两次前往广东广播电视台实习；获得国家奖学金，全国大学生英语竞赛三等奖，“普译奖”全国大学生翻译比赛三等奖，文华学院一等奖学金、“三好学生”等奖励。目前本科在读，准备参加全国硕士研究生入学考试。

从作为校园记者采访别人，到获得国奖成为被采访者，柳芝诺在一步步变成自己想成为的人。在成长的道路上，她将榜样和梦想作为光源并不懈奋斗，逐渐离心中的那道光越来越近。

寻找并追寻心中的光

一进入文华，柳芝诺就给自己设定了四个目标：成为专业第一；参加一些社团活动，发展自己的兴趣爱好，锻炼自己的能力；参加一些有价值的竞赛，挑战并提升自己；在心理上更加独立成熟。后来，她的目标有所调整，但总体保持稳定。她始终坚持将学习放在第一位，并努力保持专业第一的成绩。

第一次来文华的时候，柳芝诺误打误撞进了图书馆。虽然那时是暑假，但仍有很多人在认真学习。这种学习氛围深深地感染了她，吸引她到文华来读书。她认识到，即使是民办院校也会有一些优秀的学生，她希望自己也能努力加入优秀学生的行列。

柳芝诺做事有清晰的目标，知道自己想要什么。在最近的目标清单中，她希望自己考研成功，未来能够成为一名优秀的电视台记者。在日常学习中，她精心规划着通往成功的路。参加辩论赛，主持大型的晚会，认真学习专业知识，努力拓展课外知识，深入科研和实践领域，申请国家奖学金，全力以赴地考研，锻炼表达能力……这些大大小小的活动都是柳芝诺为成功铺就的砖石。

为了更高质量地完成学习和工作上的各种任务，柳芝诺会将自己的任务清单分为紧急且重要、不紧急但重要、紧急但不重要、既不紧急也不重要四大部分，然后优先完成紧急且重要的任务，坚持去做不紧急但重要的事，别的事则少做或不做。

脚踏实地的追光之路

学习之路上，柳芝诺脚踏实地，坚定不移地往前走。在学习过程中，她能做到心无旁骛，不会轻易受到外界干扰。她也懂得劳逸结合，不强迫自己在十分困乏的时候学习。她还善于将压力转化为动力，也将兴趣爱好与专业学习紧密结合，通过摄影课提高自己的摄影水平，在完成课业任务的过程中深入了解武汉。

为了弥补课外知识匮乏的缺憾，柳芝诺花费了大量的精力去自主探究，通过新媒体平台、中国大学 MOOC（慕课）等渠道自学。如果对某个知识点感到困惑，她会上 B 站搜索优质的教学内容来寻找答案。对金融、工商管理等与自己的专业关联性不大的课程，她也会去了解。为了感受更好的学习氛围，她还在老师的推荐下去华科蹭课。

经过长期的摸索，柳芝诺总结出一套自己的学习方式：课堂上集中注意力听老师讲，课后整理纸质版的思维导图来加深印象。比如在鲁汉榕教授的智能媒体导论课上，面对难以理解的理论知识，她的做法是先听，并记住关键词，再整理思维导图的笔记，最后根据思维导图去复述老师讲过的知识点。她发现这套方法有助于提高学习效率，也能更好地吸收和巩固知识，可以达到理想的学习效果。

柳芝诺积极参与社会实践来锻炼自己。大一结束后的暑假，她到广东广播电视台实习。在校内，她一步步积累经验，成为校官微运营的负责人。在宣传部老师的指导下，她带领同学们将校官微发展到了一个新的高度。此外，她还担任班级学习委员一职，参与校学习部的日常工作，即使到了大三，也仍然留在学习部工作。

握紧麦克风，发出自己的光

柳芝诺认为，人生最大的意义就是从事自己热爱的事业。对于未来的职业规划，她希望成为一名记者。

高中一次偶然的机会，让柳芝诺开始关注自己的普通话。高中三年，她主持了很多比赛和活动，也慢慢喜欢上了手握麦克风的感觉，并一直将董卿作为学习的榜样。进入大学，她加入主持队和辩论队，在主持和辩论中锻炼自己，通过演讲、朗诵、配音、唱歌等多种形式，训练自己的表达能力。

在专业课程的学习方面，柳芝诺积极与老师沟通。老师也会因为她的优异表现，推荐她参加一些项目和比赛。大二上学期，英语老师刘丹黎鼓励她去参加全英语教学的国际 Demole 项目。最初她有些畏惧，但刘老师联系了她很多次，也很关注她申请是否成功，这给了她很大的信心。经过认真准备，她成功申请到并圆满完成了项目任务。

柳芝诺还曾跟随潜能导师郑潇，去参加一个半农的项目。在前期调研中，她撰写了长篇的项目分析报告，也提出了自己的创意想法。后来跟郑老师去实地考察，不仅深化了先前的报告内容，也与郑老师进行了深入交流。郑老师像大姐姐一样，鼓励她勇敢地绽放光芒。

成为光，发出光

高考失利是柳芝诺成长过程中一大遗憾，她希望进入大学之后能够弥补这个遗憾。她深知大学是一个包容并能够促进学生个性化发展的地方，希望充分发展自己的专长和兴趣爱好。因为所学专业跟新媒体有关，她坚定了做新媒体主持人或记者的想法。

柳芝诺认为，分享是一个自我深化的过程，既可以提升自己，也可以帮助他人。因为喜欢分享，她会和身边的人一起交流学习，拉着朋友坐在第一排和她一起做笔记。对于朋友听不懂的智能媒体课程，她会在自己整理完笔记之后，再给朋友讲一遍。如果有人找她借笔记，她也会毫无保留地分享。

校园中的榜样给柳芝诺带来了很大的影响。大一时观看“三好学生标兵”答辩，激励她树立了要站上演讲台的目标。在文新社工作，她整理了校官微建立以来报道过的所有优秀师生的文稿。其中，2016 级的王文琦学姐曾拿下 8 个大学的 offer，最后进入香港中文大学深造，这让柳芝诺印象深刻。她也采访过很多优秀的学长学姐，这些人给了她极大的精神鼓舞。她暗下决心，要成为像他们一样优秀的人。

在学生工作上，柳芝诺曾有过忙得不可开交的时候。大二时担任部长，每周要开 6 个会，还要与其他部门进行沟通协调、修改稿件。那年的红枫文化节，她所在部门负责的所有稿件都要当天完成、当天排版和推送。那段时间，她每天都忙到很晚，赶在关门的前一刻才进宿舍。有的工作当其他人推辞不愿意去做时，作为部长的她主动担起责任，顶着压力去推进。她把压力当成动力，及时调整心情，将泪水化成笑容。

遇到优秀的人，从榜样示范中受到鼓舞。在走近他们的过程中，自己也步入了优秀的行列。这一路，柳芝诺向光而行，自己也逐渐成为闪闪发亮的光源。

（李慧 / 撰稿；王秋玲 / 校改）

罗　蒙

坚定地追寻自己的宝藏

罗蒙，男，湖北天门人。2018年毕业于武汉市实验学校，考入文华学院外语学部，学习英语专业。入校之后，刻苦学习专业知识，积极参加学科竞赛；担任班长、学部自律会会长、英语系科研助理等职务，组织开展多项学风建设活动；获得国家奖学金、全国大学生英语竞赛一等奖、全国大学生科研英语演讲大赛一等奖、“湖北省译协疫情防控语言服务先进个人”、湖北省“大学生自强之星”等近70项奖励。本科毕业之年，考入中南财经政法大学，攻读外国语言学及应用语言学硕士学位。

罗蒙爱读书，曾在一个寒假读了四十多本书。也许是因为习惯了独立思考，他觉得，自己不会轻易受书籍影响。但是，《牧羊少年奇幻之旅》这本书多年来被他反复阅读，并深刻地影响了他："这本书给我的最深感悟是，如果你真心想做成一件事情，就会出现无数的力量来帮助你。"

牧羊少年追寻的宝藏

来到文华学院的第一天，罗蒙就确定了自己在这里追寻的宝藏是什么：考上研究生，并亲眼看到更大的世界。

不论老师还是同学，对罗蒙的形容都离不开一句话：目标明确且非常坚定。很多新生对大学生活需要一段适应期，但刚启程的罗蒙却并不迷茫，他马上开始制定自己的目标，并规划着如何将其实现。社会实践、教学活动、项目交流、翻译工作、新媒体……每一件符合他发展趋势的事物，都会被他变成一个地图上必定到达的标记地点。知道了自己该做什么、想做什么，他就不再犹豫，坚定地迈出了步伐。

夯实自己，做好自己的心理建设，这是罗蒙大一的阶段总目标。面对压力而保持从容，这并不是一蹴而就的过程，而是源于长年累月的沉淀。罗蒙后来常用两个词形容自己：能抗压，从容不迫。这也符合大家对他的描述。他从大一开始便保持着高度自律，坚持每天 15 小时以上的学习，参与校内外实践、参加演讲比赛和专业比赛、主持班级和部门的工作、组织学部暑期的"三下乡"活动……他把自己变成了一台高速运转的机器，将发条拧紧，不知疲倦地往前移动。积极带来了忙碌与密不透风的压力，但也让罗蒙爱上了在手机清单上划去旧任务，再加上新任务时的那种自豪感。

罗蒙知道："生活从来不是一个人的个体，而是多个人的集合。自己往前走的同时，也在不断背负上他人的期望。”他的成长规划既符合自己对未来的期望，也交织着周围良师益友们的影响。踏入文华以后，他更深切地感觉到，想要走得更远，自己的辅导员、潜能导师、任课老师、学长学姐，都是不可多得的助力。在这里，没有人规定他该到达何处，也没有人限制他该去往何方，文华带给他的，是一个又一个选择：“这些路线还不错，如果你觉得自己适合，那我们可以一起试着走走。”

在紧锣密鼓的行程安排下，罗蒙启程不久，便收获了累累硕果：翻译比赛省决赛一等奖、加入湖北省翻译工作者协会、组织多个活动、专业综合测评成绩第一……追寻宝藏的少年，开始了一路的高歌猛进。

在压抑的旅途中追赶自己

精彩的故事不会没有低潮，但可贵的是，主人公的成长与蜕变，恰恰也总在这里出现。

风风火火来到大二，罗蒙迎面撞上了来自人际关系和学业的困扰。与许多故事中的主角总会带点小毛病一样，罗蒙也并不是一个完美的人。个人能力十分突出的他，与人沟通的能力稍显一般，再加上在学业上投入了太多精力，他和同学们的交流不太多，也不够顺畅。有时候实在没时间，他可能连手机消息都顾不上回。不知不觉间，在同学们的眼中，他变成了一个高冷的人。

在学业上，急性子也是罗蒙不得不面对的一大问题。对自己严格到有些苛刻的他，发现在热爱的政经类文本的翻译中，自己口译的速度有些不尽人意；对较长的文本，翻译的质量也难以保证。于是接近一个学期，罗蒙都在寻找解决这些学习问题的途径……

他努力保持着坚定和从容，想把压力转换成动力。但是过于忙碌紧张的他，不得不承认自己陷入了困惑之中。压力从来都不会去适应人的节奏，它只会一如既往地笼罩着你，不论你是一帆风顺，还是步履维艰。罗蒙清楚地发现了问题所在，在压抑中边前进边摸索，寻找着突破的契机。

无论从哪个方面看，罗蒙都不是一个会妥协的人。找到问题，直面问题，解决问题，这才是他的行事作风。在追求目标的过程中，他的坚定从未改变。面对自身的问题，他展现出了清晰的成长型思维——不局限于自己，勇于向前看。

面对和同学们的交流问题，罗蒙最后选择了在几个特定的时间段集中回复消息，尽自己所能帮助同学们解答学习生活中的困惑。对他而言，这种方式既能够保证和大家沟通，又可以保证自己的学习和工作时间不受影响。在他真诚的付出下，“高冷的罗蒙”这个形象，渐渐成为过去式。

学习上的瓶颈也在他的不断摸索中被打破。有一个学期，罗蒙每天都拿出很长时间来练习口译，但效果并不明显。冷静反思后，他发现自己急于求成，导致欲速则不达。原来，在背后一直追赶着罗蒙、让他喘不过气的人，正是他自己。经过有意识的调整，他发现，每天练习半个小时是效率最高的。他的心境在学会克制后完成了蜕变，不再焦虑，学会了平静和循序渐进。

那以后，牧羊少年不再因雨雾停步，他的眼睛还是看向远方那道彩虹，坚定，但不急切。

在前行时与自己对话

大三开学后，身边的人和事仿佛一切如旧，但在罗蒙眼中，一切好像又不一样了。“最明显的感觉，就是时间越来越紧了，而最紧迫的，就是自己的成长。”

其实，罗蒙的简历在身边人看来，已经够优秀了。但是，在他看来，自己的进步还可以更快、更好。学部的晚点评工作、校际合作研究的项目、潜能副导师的责任和部门的工作，都是罗蒙生活中最基本的部分。真正的提升空间，在于学术论文的准备、法语四级的备考，以及翻译、教学、新媒体三方面的实践。除了学校的课程，他积极游走于 B 站、有道、慕课等网络平台，不知疲倦地汲取着养分。支撑这一切的，除了目标之外，还有他对这一切发自内心的热爱。他说：“我有时会拿出一张纸，写下对自己的提问，等一个月再去看，看我给自己都提了些什么问题，这些问题又解决了多少。”

省译协疫情防控语言服务先进个人和传神者大会特别战疫表彰、全国口译大赛（英语）二等奖、全国大学生英语竞赛一等奖、专业综测成绩第一……这些荣誉接连被罗蒙收入囊中。但这些都不是一帆风顺，而是他风雨兼程的收获。很多时候，他是一个人孤独前行。他不是没有人可以依靠，只是上了大学以后，他有意识地脱离依赖，走向独立。在此过程中，他学会了与自己对话。

故事将在下一段旅程继续

就如同本文一开始提到的罗蒙对《牧羊少年奇幻之旅》这本书的感悟，获得国奖这个结果，来自多方面因素的共同促进。过程中有迷茫、有遗憾，也充满着感动。

他还记得老师的话：“我不希望你们是一个定式，我想看到你们所有的可能性。”

他也记得自己迷茫时学长拍了拍他的肩膀，说：“不要着急，一切都会好起来的。”

他也记得那年暑期社会实践，朋友陪着不会骑车的他同行的那 20 公里。

他也记得，相处三年的任课老师因工作调动要走了，告别时潇洒地说：“Life goes on.”

他更不会忘记，自己最开始是为了什么而披荆斩棘走到现在。

在他看来：“生活应该是波动式的。既然叫生活，生和活就是在一起的。生活不应该是我每一段路都走得很好，而应该是我坚定地走下去，无论前方会面对什么，我都坦然接受。”

走上国奖的答辩台，是罗蒙大学生活中一道耀眼的高光，也是生活给予他的积极反馈。但他并没有因为获得国奖而沾沾自喜，也没有因此而放松，而是接着在考研的道路上奋斗。“确定方向，就要坚定不移。内心强大的人终将获得成功。”初试中，他取得了 393 分的好成绩，却仍每天从早到晚进行着模拟问答，直到练得口干舌燥。而与生俱来的紧张感，更是让他在模拟练习之外，背下了好几本专业书籍……

直到收到了中南财经政法大学的研究生录取通知，罗蒙追寻宝藏的故事才告一段落。但是，他的故事并没有结束，新的目标又出现在他的地图上。停步驻足，不是他的风格。

（占昊 / 撰稿；邓娟 / 校改）

	想	说	做	成
大三	1. 考研。 2. 结合实践，纵深学习语言学、翻译学。 3. 深入学习法语。 4. 保持初心。	1. 在晚点评上讲专业。 2. 承担校际合作研究项目。 3. 担任潜能副导师。 4. 负责部门工作。	1. 准备学术论文发表。 2. 备考法语四级。 3. 深入开展翻译实践和教学实践。	1. 全国大学生英语竞赛决赛一等奖。 2. 保持初心。 3. 深入开展新媒体技能纵深实践。
大二	1. 深化专业实践。 2. 深化社会实践。 3. 学习新媒体、经济学技能。 4. 运用专业技能为社会做出贡献。	1. 参加学部主题教育和晚点评的发言。 2. 深入社区基层锻炼。 3. 负责学部自律委员会常务工作。 4. 到校外机构授课。	1. 到传神公司做疫情翻译志愿者。 2. 参与武汉市社区疫情防控。 3. 参与学术讲座学习。 4. 担任某培训机构特聘讲师。 5. 参加“三下乡”活动。	1. 获评为省译协疫情防控语言服务先进个人，受传神者大会表彰。 2. 获得全国口译大赛二等奖。 3. 志愿服务超 300 小时。 4. 考取 CATTI 证书。 5. 获外研社写作比赛特等奖。 6. 保持专业综测第一。
大一	1. 立志考研。 2. 保持自律。 3. 参加校内实践。 4. 拓展校外实践。 5. 志愿服务，奉献自我。	1. 讲专业晚点评。 2. 参加演讲比赛。 3. 主持部门工作。 4. 坚持口译工作。 5. 主持专业、班级工作。 6. 翻译写作训练。	1. 保持自律。 2. 参加专业比赛。 3. 参加英语辩论。 4. 协助学生工作。 5. 参加志愿活动。 6. 组织学部暑期“三下乡”活动。	1. 翻译比赛获省决赛一等奖。 2. 加入湖北省翻译工作者协会。 3. 承办多个活动。 4. 专业综测第一。 5. 志愿服务。

罗蒙大学前三年的“一人一规划”

钱淼岍

凭借一股“轴劲”，成为更好的自己

钱淼岍，女，江苏扬州人。2018年毕业于扬州市瓜洲中学，考入文华学院城市建设工程学部，学习数字媒体艺术专业。进入大学后，积极参与团学工作，先后担任城建学部组织部副部长、分团委学生会副书记、数字媒体艺术潜能副导师等职务，热心为同学们服务。申报国家级创新创业项目，入围国际用户体验创新大赛。组织并参与暑期社会实践，被评为“社会实践优秀个人”。连续四年获文华学院一等奖学金。先后获得国家奖学金、文华学院“三好学生标兵”“五四青年标兵”等奖励。本科毕业之年，考入湖北工业大学艺术设计学院攻读硕士学位，入校专业考试成绩名列第一。

大学四年，她找到了真正的自己。她说，请你一定要勇敢，去探索、去追寻、去享受奋斗的状态，去到达自己想要的未来。慢慢来，你走的每一步都算数。

不屈平凡，萤火也比月光

刚入校的钱森岍和大多数同学一样，以为自己将平淡无奇地度过大学生活：按时完成作业，不挂科，遵守学校的规章制度……

那一年，钱森岍和其他新生一起坐在台下观看“三好学生标兵”答辩。台上的学长学姐尽情地展示着自己，与大家分享社会实践、志愿服务、大学生创业科研以及学科竞赛等不同领域的成功经历。她坐在人群中，心里满是羡慕。这时的她意识到，大学生活原来可以如此精彩。

通过老师的介绍，钱森岍了解到文华学院特有的个性化教育，以及着重强调的三个关键点：潜能、立志、空间。首先是潜能，这是一种现在还没有显露出来的，在合适的条件下可以被激发，并对人的其他能力、行为产生重要作用的隐形能力；其次是立志，深入地认识自我，确立目标，制定规划；最后是空间，创新适应现代大学生学习特征的教学空间，使“学习无处不在”。

学校的个性化教育还包括一个重要的行动，那就是“一人一规划”。正是“一人一规划”，开启了钱森岍的大学探索之路。

改变，从相信自己开始

大一时，钱森岍陪室友参加了“互联网＋”大赛。那时的她，从未有过答辩经历。第一次站上报告厅的舞台，看着台下黑压压的人群以及评委老师犀利的眼神，她心中只盼望能尽快逃离。整个答辩过程，她都结结巴巴，还因超时被老师强制喊停，面对评委老师的提问则是瞠目结舌。看着室友失望的眼神，钱森岍的心里充满了愧疚。回想前期和室友一起准备材料的时光，她不禁在心中质问自己："为什么没有准备好？为什么不能表现得好一些呢？"

垂头丧气的她一步步走下舞台，回到座位上。这时，手机震动起来，是辅导员余宝睿老师发来的消息："在我心中你是最棒的！"这一句温暖的鼓励让钱森岍深深地体会到被肯定、被赞赏的力量。自那以后，她迫切地想让自己变得更好。

为了提升自己各方面的能力，在与潜能副导师交流过后，钱森岍毅然决然地加入了学生会。日常的学业本就繁忙，加上学生会的各项工作，钱森岍常常感到力不从心。她害怕自己找不到两者之间的平衡，让成绩因此受影响；也怕团学工作做得不够好，让本就有些枯燥的组织工作更加不受同学喜欢。

在双重压力下，钱森岍不断寻找学习与工作之间的平衡，在艰难中寻求安慰。她发现，当自己成功跨越迷茫期，完成繁忙的工作，站在舞台上时，成就感和荣誉感早已消除了之前的劳累。

你的努力，每一步都算数

2020年寒假结束，由于疫情的原因，钱森岍和同学们不能按时返校上课，一学期的课程学习都是对着电脑完成的。很多同学对此抱怨不已，钱森岍则成功掌握了新的学习方法。在家里学习，促使她更加自觉地做好时间规划。上完一门课，她会主动在网上寻找与课程内容相关的资源进行补充性自学。例如老师上课讲到的“镜头语言”，她没弄明白，课后她就去B站听其他博主的讲解。学习渠道多了，学习资源自然也多了。

在她看来，居家学习的自由度更高。学累了，就让自己放松一下。状态恢复了，再把缺失的知识补回来。即使没有人监督，她也不会放任自己，不会只顾着休息而忽略学习。

在疫情期间的毛泽东思想概论课上，老师经常向同学们提出问题，并留出时间让学生进行总结。六个学生为一组，每组选一个发言人，大家针对问题去搜集资料和答案，将它们汇总发到讨论群里，发言的人则在大群里汇报小组合作的成果。钱森岍觉得：“做得多了，收获也会更多。”因此，在小组中，她经常主动承担汇报工作。通过学生会的历练，她早已习惯在小组团队里发挥推动作用。在分组课程作业中，即使没有担任小组长，她也会主动在群里调动大家的积极性。

大三时，钱森岍成为学生会主席团的成员。拥有强烈责任感的她，承受着学习、工作交替所带来的压力。她开始学习如何统筹学生会的工作：在工作任务明确后，对其进行合理分配；寻找每个成员擅长的方面；争取以最快的速度达到预期效果。经过一段时间的调整，她拥有了合理规划时间的能力。她将学习与社团工作相结合，有时上交的MV或微电影课程作业，就是课余时间参加社团活动时拍摄的。有一年的开学季，她被安排负责迎新工作。当时专业课老师要收取一个MV作业，她就近找到在学生会共事的同伴，让他们充当“群演”，借着真实迎新的场景，拍摄了一个很好的视频作业。

文艺战“疫”，以画传情

2021 年暑假，钱森岍的家乡扬州发生新冠肺炎疫情。她用千字文和手绘的形式，为家乡送去了一封封“情书”。这并不是她第一次投身文艺战“疫”。早在 2020 年寒假，为了响应春节“非必要不返乡”的号召，钱森岍在家乡社区发起了“见字如面，代写家书”的公益活动。结合不返乡人员的意见和需求，定制家书，免费邮寄，以此寄托留守人员的思乡情。

谈起为何用千字文和手绘的形式为家乡助力加油，钱森岍说：“这是担当，也是责任。”受疫情影响，她大三暑期一直留在学校。疫情反弹，让人揪心，她身在异乡，牵挂着家乡。那时，她的母亲在家乡的社区负责帮忙团购物资，父亲在卡口做志愿者。在相互影响之下，父母与游子虽然身处两地，但都做着同样有意义的事情。

既然选择了，就坚定地走下去

大多数考研的同学在大三开始时就进入了“备战”状态，钱森岍却在大三结束时才真正下定决心，此时距离考研不到 200 天。她结合自己的实际情况，决定报考湖北工业大学的设计专业。她深知自己的备考时间之短，首先要面对的就是心态问题：对自己的怀疑，以及对未知结果的焦虑。备考过程中，她不断地告诉自己，一定要保持良好的学习状态，不能盲目比时间长短，要注重学习效率。备考期间，她发现独自备考才是最适合自己的方式。她也并不像好多考研同学那样，早晨五六点就起床开始学习，而是坚持八点起床的习惯，既保证睡眠时间，又保证学习效率。她始终相信“效率为王”，充分利用零碎的时间去学习。即使是早上洗漱，她也会以听代读地学习。

在备考后期，她有时学到凌晨三点。她的身上有一股“轴劲”，一定要在睡觉前弄懂当天所学的知识点。一直以来，背诵和写作是她的两大弱点。为此，她专门准备了一个“知识积累本”，用自己的方式进行知识总结，并反复回顾。

若问她考研成功的秘诀，她会这样告诉你：“一是坚持，二是自信。”虽然起步晚于别人，但自决定考研的那天起，她就不曾想过放弃。因为，她相信：“坚持是最大的成功，既然选择了，就坚定地走下去！”

（成诺／撰稿；邓娟／校改）

何　睦

一位多线程运行的工科女生

何睦，女，湖北武汉人。2018年毕业于武汉市洪山高中，考入文华学院城市建设工程学部，学习工程管理专业，辅修工商管理双学位。入校之后，积极向党组织靠拢，成为一名正式党员；学习努力认真，专业成绩名列前茅；担任班级学习委员、城建学部学习部副部长和熊永红名师工作室学生负责人等职务，获得师生一致好评；组建"科艺大篷车支教队"，主动参与各类社会实践及支教活动；获得国家奖学金、全国大学生物理实验竞赛三等奖、第十二届"挑战杯"国赛铜奖、湖北省科普讲解大赛优秀奖等奖励。本科毕业后，将参加湖北省公务员考试，准备在另一个岗位奉献自我。

在向我们讲述失败经历的时候，她也许没有表面上那么轻松。但是她敢于接纳，愿意诉说，展示出勇气的力量。大三时，她与国奖失之交臂，经过一年的沉淀，她重新登上了国奖的答辩讲台。

像一只满是棱角的刺猬

“她的想法和目标特别多，我当时觉得她是一只刺猬，身上带了很多刺，她的棱角可能会伤到身边的人。”这是辅导员黄灿老师对何睦的最初印象。在大一组建班委时，辅导员经过仔细观察，为了磨一磨这位“小刺猬”的棱角，让一开始竞选团支书的何睦选择了学习委员这一职位。

在学校“一人一规划”的影响下，何睦在本子上记下了每学年的重要规划及目标：当班委，加入电视台，加入社团，学舞蹈，打篮球，减肥，化妆。她还在旁边写了三个词：气质，自律，谈吐。在每一个目标下，她又按照自己的规划，将目标分解成几个部分，然后一步一步地去达成。这个满是字迹的小本子，不知不觉已经陪伴了她四年。

同时完成多个目标，同时处理多个任务，这是很难的事。但在这个身形单薄的小女孩身上，却有着另外一番景象。她能在学习中争取双学位俱优，也能在长跑比赛中争得第二名的好成绩；她能在答辩现场与评委灵活互动，也能在电竞活动中拿下全场 MVP；她能在电脑前认真码字一整天，也能扎起双马尾在跳舞机前活力四射。她有着独特的视角与逻辑，能够多线程地处理事情。

站在屋顶对风说不想被左右

在时间管理上，何睦从大一刚进校便有了规划。她偶然在 B 站上看到清华学霸分享了一则有关时间管理的视频，当中的周计划表和规划方法让她受益匪浅。于是，她从大一开始坚持使用周计划表。

为了不迟到，何睦通常把自己的手表调快 5 分钟。她的起床时间一般是早上 6:30—7:00，闹钟响了之后，她会在床上背半个小时单词再起床。她还有一个习惯，每天睡前花 15 分钟来总结自己的一天。

从大二开始，何睦便靠各种兼职赚钱，加上国家助学金的支持，她顺利申报了工商管理专业的双学位。对于每个周五和周末的晚上都要上课这件事，周围很多人都不理解。但在何睦的心里，学习和玩并不冲突："我学的都是我喜欢的，学起来并不枯燥。"

"人要有求知求学的态度。"这是何睦一直秉持的理念。经管学部有一个"青创营"的活动，多数同学看到"创新创业"觉得很陌生，班级里没有人主动报名参加。看到班上的 6 个干部都陷入窘境，她自告奋勇地说："我去吧，去试一试。"

何睦是完美主义的践行者，活在自己的期待里。就拿平时的作业来说，她不会把它当作任务去完成，而是把它当成一个作品，一个完美的作品。即使要花费比别人多两倍的时间，她也会努力去做好。正是因为如此，她常常遇到一些困难。遇到比较难的考试，她会担心试卷写不完，因为写快了字会不好看。

一直保持让自己变优秀的心态，会成就更加完美的自己。作为学委的何睦，经常主动帮助学业困难的同学，每天确保班级考勤率，带领班级获得了“优秀晚自习课堂”“优良学风班”等荣誉称号。作为党员的她，组织“一对一帮扶小组”，帮助班上15名同学顺利通过补考。

她更大的追求是，去做挑战自己的事情。大三暑假，她申请参加了全国青基会X Academy上海场“聚变计划”研学会。一个人在上海十多天，与众多名校的优秀学生一起切磋学习，受到了很大的激励。

在追寻自我的道路上，何睦并不是一帆风顺。回想大学四年，她觉得自己太累了，每一年的压力都很大。事事都想争一把，碰伤了也不知道退缩。她追寻过，奔跑过，也失败过，好在没有迷失自我。在成长路上，她不畏缩，凭着执着与坚定，成为了何睦，成为了自己。“没有人逼我，只有我逼自己。”大四的她，回顾来时路，这样感叹道。

败而不悲，激发内心的勇气

“虽然也有失败的时候，但我不是悲观的人，不会一蹶不振。我会从失败中吸取教训，为下一次打基础。”刚进大学的时候，何睦便经历了从省示范高中的重点班到民办院校的心态调整。高中时期，为了能够顺利进入重点班，她选择了自己较为擅长的文科，但严重偏科的她一直都是班里的倒数几名。高考成绩出来后，家里人建议她复读，但她这样说：“我相信，大学这个舞台更加广阔，有着无限可能。在那里一定可以找到我擅长的东西，我会培养出与众不同的能力，而不只是考卷上的成绩。”

按照何睦的综合素质，她早就应该是一名党员，或者很早就应该拿到“五四青年标兵”这种奖项，但是由于一些小的失误，大三的她与国奖失之交臂。辅导员黄灿老师是她成长路上重要的见证人之一，他惋惜地说，何睦在大一时就受到过挫折。因为不小心，她在心理健康课上挂了科，而这是一门必修课。后来到了大二，有一门专业课的结课作业，她忘记按时提交，又挂了科。这些成绩问题，让她直接失去了一些参与评奖的机会。

运气真的重要吗？她不知道。一个有能力、有成绩的完美主义者，却没有取得与之相匹配的奖项，她开始对自己进行重新评估。她意识到了自己的不稳定性，开始自觉地沉淀自己。接受被迫回到原点的事实，付出无数个连轴转的夜晚，她终于登上了国奖的答辩讲台。登上了山顶之后呢？她不会多想，因为还有下一座山等着她去爬。失败会让她难过一段时间，但是她能积极走出来。她的目标还没有完成，她眼中还有更大的世界。

“在得知自己成为国家奖学金候选人的时候，我是很淡定的。这四年来的种种努力与艰辛，每个独自一人熬过来的夜晚，每次肩扛着各方面涌来的压力，只有我自己清楚。获得国奖，让我对自己之后的发展更加充满信心，让我对未来的职业规划更加明确。我相信自己在国奖的效应下，会更加努力，成为自己心目中最优秀的何睦。” 这是获得国奖后，她对自己的总结。

不要做刺猬，去拥抱希望

如果一位教师格外关注一个学生，对这个学生的期望很大，这种关注如果让学生感受到，将会对学生产生积极影响，促进学生好好学习。何睦在初中曾有幸遇到了这样的老师。当时的她正值青春期，玩才是她认为的主要任务。对于这样一个跳脱有活力的小女孩，她的班主任主动联系，和她进行了一次深度谈话。这次谈话，让当时懵懂的她在岔路口找到了方向。“我当时听完很受触动，下定决心要好好学习。我一直想成为像初中班主任那样的人，去拉一把那些掉进深渊里的孩子。希望可以去帮助他们，给他们支持，让他们变得更好、更优秀。”

幸运的是，这样的温暖在大学里重现。辅导员黄灿，一位真切关心学生的老师，他那句“我不会丢下任何一个人”的育人理念，让学生们记忆深刻。说到黄灿老师的时候，何睦眼里泛起了光。她记得很清楚，有一次放假，她留在学校里学习。在骑共享电动车的时候，不小心把腿刮伤了，留了三道很深的伤痕。当时她想着涂点药就算了，但朋友放心不下，便跟黄灿老师说了。黄老师知道后，立马开车从家里赶到她的宿舍楼下，把她送去了医院。当时已经是凌晨两点，黄老师还帮忙垫付了医药费，千叮咛万嘱咐，要她注意伤口。

老师的职业好像就是这样，埋着头，种啊种！有一天回头看时，早已绿树成荫。

（熊思敏 / 撰稿；邓娟 / 校改）

李 健

一位“力量型”选手

李健，男，湖北潜江人。2018年毕业于沙市第七中学，考入文华学院信息科学与技术学部，学习电子科学与技术专业。入校之后，刻苦学习专业知识，积极参加学科竞赛；担任班级学习委员、学校创新创业工作室负责人，组织参加各类学科竞赛；主动参加大学生“三下乡”活动，前往山区支教，被多家媒体报道；组织参加“希望工程”线上支教，获得平安公益基金会认可；获得国家奖学金，“挑战杯”中国大学生创业计划竞赛全国三等奖、全国大学生课外学术科技作品竞赛湖北省三等奖，“互联网+”大赛湖北省铜奖等奖励。本科毕业后，成为武汉大学电信学院研究生。

整理完采访李健的记录，我禁不住思考，为什么这位国奖获得者这么有力量？他的与众不同，就像一束强有力的光，从内心深处投射出来，让人感受到的是一种向上的能量、一种砥砺前行的勇气。但如果你耐心去看，其实他成功光芒的背后并没有秘密，靠的是他或心酸、或热爱、或低谷、或执着的人生历练。经历一次又一次磨砺敲打之后，那些动人的光，才会真正显露出来。

惯力：生活有惯性，我们也有能力做出改变

学生时代，我们活在“确定”的世界里：一篇文章只有一个确定的中心思想，一道数学题只有唯一的正解，单选题四个选项中只有一个正确答案。其实，很多问题没有标准答案。面对没有标准答案的问题，李健的做法是去试错。“不知道要什么，就先做点什么，然后耐心等待。”为了锻炼自己，他奔波于各种学生部门或社团活动，以至于辅导员查寝时十有八九看不到他。

对大多数人来说，生活中最大的杀手，既不是耀眼的成功，也不是痛心的失败，而是悄无声息的平淡。为了打破自己的舒适圈，李健决定让自己忙起来，学习、社团活动、工作任务充实着他的大学生活。也正是因为这样，他在大学初期就找到了自己热爱的事情——摄影。每一次接到拍摄任务，每一次拿起相机记录生活，去捕捉风光美景，穿梭于大街小巷，对于他都是一种历练，也是一件快乐的事。

李健回忆起大学生活，最难忘的便是结识一群志同道合的伙伴，时常相约一起去拍图。那些打打闹闹的瞬间，一张张搞怪有趣的“表情包”……偶尔翻开相册回看照片，虽然有些旧了，但那些时刻回忆起来

仍然印象深刻，让他感到实实在在的幸福。他用行动向我们证明，当你愿意跳出舒适圈，勇于改变的时候，很多恐惧就会迎刃而解。

动力：与优秀者同行，压力即是动力

在大学里，李健认识的人非常多，他觉得周围的人都比自己优秀。在与大家共事时，他常常觉得自己帮不上忙，想不到自己的优点在哪。这样的挫败感，让他觉得和别人的差距越来越大。刚加入工作室的时候，他认为上台演讲是一件很丢脸的事。他说：“我不太适合在大场合演讲，很惧怕所有人的目光注视在我身上。参加比赛的时候，工作室其他人都能够表现得游刃有余，只有我知道自己是个什么样的状态。”

人的成长，充满了困惑和遗憾，需要有一往无前的勇气，也要有不惜代价的探索。最开始的时候，李健恐慌过，担心自己做不好。但逐渐地，他发现，自己也是可以的，能够找到自己的道路。在这个过程中，最重要的一步就是放下满心的恐惧，开始尝试。最终，他选择硬着头皮做下去，不论结果好坏。正是因为有了这样的突破，他下定决心做出一些改变。工作室里经常出现他的身影，辅导员也邀请他去给同学们分享经验，这些大大小小的锻炼都帮助了他后来参加国奖答辩。甚至他都没有想过，自己会作为老生代表在新生开学典礼上发言。

冲力：想往上再走一走，看见更多的可能

李健第一次参加“挑战杯”的时候，是大一。那是他第一次全身心投入比赛，清晨而出，临近寝室熄灯才回去。困了就在躺椅上睡一会儿，若是

时间紧迫，在实验室住上几天也是常态。但令他遗憾的是，正式答辩那一天，因为比赛场地的限制，他们参赛的东西没有办法放下。到了关键节点，整支队伍都有些焦急，情急之下只好努力去和组委会沟通，看是否能换到新的答辩场地。好不容易商量好了，他们的答辩顺序被安排到最后一个。一块空地，一张桌子，几把椅子，他们就这样搭了一个新的答辩场地。赛场上的人几乎都走完了，见证他们为了比赛而不顾一切的，只有他们自己和那几张桌椅。最后不超过八分钟的展示，却是他们准备了一个多月的成果。“很遗憾。我们的能力在三等以上，但只被评为了三等。我想往上再走一走。”李健说道。

定力：把自己调成静音，更好地感知世界

怀抱梦想的人，要想实现梦想，似乎非得经历一段孤独的时光。虽然会寂寞，会有诸多不便，但他们不会轻易低头。这一路走来，李健更像是自己一个人在战斗。宿舍四个人，只有他从大一开始便定下了考研的目标，到了大三的关键时刻，舍友三人经常在宿舍打游戏到半夜。面对周围的喧嚣与吵闹，他努力让自己孤独地沉潜，仿佛一条鱼独自在鱼缸里游泳，无数次想象外面的海洋，却强按冲动，沉潜又沉潜。只有水能听见他的声音，见证他的修炼。

在李健朋友的眼中，他是那种默默努力、安静做事的人。“即便周围环境很吵，他也能安静下来。”我们每个人都需要在生活中有这样的时刻，限制信息输入，将音量关小，以便更深刻地觉知周围发生的事情。他的一个朋友回忆：“上次在办公室碰巧遇见了李健，打完招呼后还没来得及多聊几句，就见他又迅速投入到学习中去了。”

怎样才能不把宝贵的青春浪费在犹豫和不安上？李健的建议是，努力的时候就沉下心来，一事一毕，万事就都有了着落。他的成长经验显示，一个人不管处于人生的哪一个阶段，只要有坚强的意志，就能到达自己想去的地方。这个时代并不辜负人，它只是磨炼人，磨炼每一个试图改变自己命运的人。

给力：00后的青年力量

2019 年暑假，李健跟随着团队，前往恩施山区的野茶小学进行支教活动。恩施的天气昼夜温差比较大，夜晚温度低。由于缺少热水，在忙碌了一天后，他通常只能用冷水洗漱。上午需要忍着嗓子的疼痛连续上四节课，下午忙着调研，晚上忙着备课。环境异常艰苦，活动异常繁忙，尽管如此，李健还是坚持着，坚持在暑期支教活动的“第一线”。

2020 年是特别的。这一年，新冠肺炎疫情流行，给人们造成了极大的伤害。为了做点力所能及的抗疫工作，李健主动报名参加了家乡疫后重建中的公益编程活动。他利用自己的专业知识，教授学生编程应用的知识，为疫后重建贡献自己的力量。在这特别的一年，许多人经历了困顿，李健也是如此。问起他人生的高光时刻是哪一刻，他的回答是当下的每一刻。就像 2020 年的他，包括我们每一个人，作为个人，也作为群体成员，见证并经历了那段艰难的日子。也许，那也是一种高光时刻。

不管人生处于何种境况，李健都能发掘其中的精彩部分。回望大学这四年，成绩排名一直是专业第一，荣获国奖，代表老生在新生开学典礼上发言……他这一路走来，看起来如此风光，但风光背后是日复一日的努力，是带着伤、咬着牙、屡败屡战的苦尽甘来。人生很难，但不会一直很难。

在困境与问题背后，往往会有一些惊喜。比如，李健第一次硬着头皮上台演讲之后，往后的演讲他就不那么害怕了；参加抗疫这种从未做过的事情，他感觉到自己的力量；熬过了一个又一个孤军奋战的日子，他收到了武汉大学研究生的录取通知书。最重要的是，不管所处的境况如何，关于快乐的能力，他总是可以时学时新。

（熊思敏／撰稿；邓娟／校改）

徐钦旭

奋发向上的“多面体”

徐钦旭，女，湖北孝感人。2017年毕业于安陆一中，考入文华学院机械与电气工程学部，学习机械设计制造及其自动化专业。入校之后，热心参与各类志愿活动，多次获得“优秀志愿者”“学雷锋积极分子”等荣誉称号；在新冠肺炎疫情期间，主动参与防疫工作，志愿服务时长达228小时；担任班级团支书，为班级争取到“优秀班级”“优良学风班”等荣誉称号；在机电青协项目部工作期间，先后被评为“最佳新人奖”“部门之星”“优秀部长”；获得国家奖学金、文华学院“优秀潜能副导师”“优秀党务助理”等奖励。本科毕业之年，考入武汉工程大学攻读硕士学位。

“要迎着晨光奔跑，不要面对晚霞幻想。”正值青春年华的徐钦旭，从不醉心于晚霞，也不耽于虚幻，而是以一种笃行者的姿态，脚踏实地，昂扬向前。

勇担责任的领航员

初入文华，徐钦旭并没有在茫然和懵懂中迷失自我，而是迅速找到自己的定位。为了改变腼腆内敛的性格，她一入校便定下了担任班委的目标。竞选那天，她虽然早就准备好了讲稿，可由于没有上台演讲的经验，讲到一半，就紧张得说不出话了。台下的同学一起为她鼓掌，用眼神鼓励她。最后她完成了演讲，并如愿当上了团支书。

作为团支书，徐钦旭的主要任务是引导同学们积极向党组织靠拢，提高同学们的思想政治觉悟。为提高同学们对党的认识，她定期组织班级团会。开学之初，为让同学们更好地适应大学生活，她开展了以“学习刘献君校长讲话”为主题的团会活动，让同学们明确自己的大学目标，明白在大学不仅要学习专业知识，更要学会尊重和承担责任，成为一名有担当的新时代大学生。她还以寝室为单位，安排每个寝室负责组织一次团会。这样既可以加深同学之间的感情，又能了解、认识每个同学，增强班级凝聚力。在此过程中虽然遇到了很多困难，但徐钦旭与其他班委一起合作，向学长学姐们请教，不断摸索和学习，努力把每次团会组织好，担起了团支书的责任。

建设一个优秀的集体，必须靠班级所有人的共同努力。班级学风的好坏，与学生在课堂上的学习投入多少密切相关。徐钦旭与其他班委一起对班上同学遵守课堂纪律的情况进行监督，强化大家的纪律意识。在培养良好学风的过程中，利用同学们的“从众”心理，班委带头严格遵守纪律；对严格守纪的同学给予表扬，对违反纪律的同学委婉提醒、耐心劝导。为调动同学们的积极性，徐钦旭常会举办团建活动。在一次“关注流浪猫狗”的志愿行动中，她带着同学们经过一小时公交和一小时徒步的“长途跋涉”到达目的地。在志愿行动中，同学们相互协作，帮助小动物打扫“宿舍”、喂食、陪它们玩耍。在轻松愉快的氛围中，大家既培养了爱心，也彼此熟悉起来。

在班委的共同付出以及同学们的积极配合下，徐钦旭所在的班级获得了“优良学风班”等荣誉称号。她作为一名领航人，带领集体之舟在茫茫大海中前行。

目标坚定的掌舵人

在学习中，认真严谨、持之以恒是徐钦旭一贯的态度。“作为一名学生，我时刻提醒自己以学业为重，一分耕耘才有一分收获。”对于她来说，最重要的是平衡学业和工作的关系。她认为，学习和工作并不冲突，把握好做每一件事的时机，在恰当的时间做恰当的事，是她所秉承的处事原则。

无论学习还是工作，最重要的是专心。工作上，根据既定的标准，集中精力，一点点地按照要求完成；学习中，跟从自己的本心，制订学习计划，做到心无旁骛，使学习效率最大化。徐钦旭是个会学习的人，面对“专业老师讲课节奏快，一堂课的重难点多，自己跟不上”的困境，她会调整自己的学习方法——上课认真听，课后整理知识点，做好笔记，理清思路。她还发现：“去图书馆学习的效果更好，独自学习，身边没有人影响，就可以专心致志，不被外界干扰。”

徐钦旭的学习生活并非一帆风顺，但她总能找到办法跨越障碍。学习状态不好时，或遇到一时无法解决的问题，她会和朋友聊聊天、散散步，将自己投入到积极的活动当中。这样能使她平心静气、冷静思考，最终做出准确的判断与选择。

“文华只是起点，我不想结束自己的求学生涯，我想考研继续深造。”徐钦旭在大一时就明确了自己的考研目标。当时，她的辅导员陈静波老师为了让更多的学生找到自己的目标、发掘自己的潜能，经常在晚点评时间邀请优秀的学长学姐分享他们的大学经历。这些学长学姐的大学生活丰富多彩，不论在学业上、工作上，在各类竞赛上，都取得了优异成绩。这对刚刚入学的徐钦旭启发很大，“因为我才大一，可以好好想一下未来几年自己是什么样的”。令她感受最深的是考研至武汉科技大学的几位学长学姐的分享会，“他们都是过来人，把最好的经验传给我们，我们能少走许多弯路”。受这些优秀学长学姐的感染与激励，徐钦旭四年来一直以考研为自己的目标，最终通过自己的努力，成功被武汉工程大学录取。

被需要的志愿者

生活中的徐钦旭，热情阳光，开朗活泼。她喜欢用旅行、打卡拍照的方式记录生活，并将照片与感想分享给身边的人。不仅如此，她也将志愿服务活动视为生活的一部分，大一时加入机电学部的青年志愿者协会，成为一名干事。这一年中，她积极投身志愿活动，发现“每次的志愿活动都非常有意义。奉献爱心，对我而言是不错的经历”。经过一年的历练，她逐渐成长，并且认识到：作为大学生，不单单要学习，还要进行全方面的素质拓展。被需要是种幸福，用自己的行动帮助别人，给别人带来了快乐，自己也是快乐的。

大二时，徐钦旭选择留任青协，继续在团队奉献自己的力量。在一次“回收旧物，助力贫困山区”的活动中，她带领其他志愿者在文景园食堂门口摆摊，鼓励同学们捐赠旧物。她告诉同学们，这些物品会寄送给新疆、西藏等地区处于困境的儿童，呼吁大家用自己的爱心带给孩子们温暖。“收到了很多同学捐赠的旧物，我获得了满满的成就感。虽然捐赠的物品并不贵重，但是我能感受到同学们的心意。”大学四年，徐钦旭参与过地铁测温、关爱养老院老人等多种志愿活动，她把志愿服务当作自己的生活方式，尽心尽力去帮助需要帮助的人。

新冠肺炎疫情暴发后，作为一名新时代大学生，徐钦旭努力为社会安康尽一份力。她主动联系村里的负责人，参与家乡社区的防疫工作。她主要负责部分农户人员每日体温的测量，整理居民体温数据，以及防疫期间的资料打印归档等工作，共计参与志愿服务 38 天，志愿服务时长 228 小时。

照亮别人的发光者

在文华，有一群特殊的人——“潜能（副）导师”。他们根据学校的教育教学理念，发掘学生潜能，帮助学生解除迷茫、追逐梦想。潜能导师由专业老师担任，副导师由同专业或同学部的学长学姐担任，协助导师工作，帮助新生更快适应大学生活。

正是因为那些为自己解答疑惑的学长学姐们，徐钦旭才明确了方向与规划。她也想成为那样的人，照亮别人前进的道路。大二时，她申请担任了潜能副导师。“每个刚进入大学的学生，或多或少都迷茫过。我想通过自己的力量，帮助一些学生认清自己的目标，掌握自己的航向。”2018 年 9 月，徐钦旭与 2018 级机电机器人 2 班的 32 名大一新生相逢，一场奇妙之旅就此展开。为了帮助同学们快速认识学校，适应大学生活，徐钦旭向新生们介绍了学校教育、学部组织及社团活动，让大家根据各自的兴趣爱好进行选择。

为了响应学校的个性化教育，徐钦旭带领新生开展了“一人一规划”活动，帮助他们寻找自己的目标，学会制定规划。她也向大家讲述了自己的大学生活，建议他们：“多去图书馆，不要在宿舍浪费人生；不懂的问题要学会求教；用大学时光多做一些有意义或自己喜欢的事。”另外，她还走进新生寝室，与每位同学进行交流，了解大家的情况与特点，一对一为他们解答疑惑。因为她的帮助，很多同学明确了自己的大学方向，而她自己也收获了与新生的深厚友谊。

“未来的路还很长，我还要继续努力。不论结果如何，我都会坚定向前，为了目标和理想奋斗。”徐钦旭是这样想的，也在这样做。在她看来，奋斗的人生是最美好的，而机遇总会留给奋斗的人。

（向朝新 / 撰稿；王秋玲 / 校改）

	想	说	做	成
大四	1.准备研究生考试，考研“上岸”。 2.准备教资考试。 3.高分通过各项考试。	1.参加国家奖学金答辩。 2.不懂的知识就向老师、同学请教。	1.利用一切空余时间，进行考研科目的复习。 2.利用寒假时间，在家学习教资考试知识。	1.通过研究生初试、复试。 2.通过教资考试。
大三	1.准备大学英语四级考试。 2.开始考研复习。 3.高分通过各项考试。	1.参加“五四青年标兵”答辩。 2.负责党务助理培训工作。	1.利用晚上时间，在图书馆专心学习英语。 2.搜集考研信息，开始公共课学习。	1.通过大学英语四级考试。 2.学年专业成绩排名第二。
大二	1.留任学生会部门，担任部长。 2.竞聘潜能副导师。 3.高分通过各项考试。	1.开展党组织生活会。 2.每周组织部门例会。	1.组织策划党建活动。 2.负责组织部门活动。	1.获得“优良学风班”称号。 2.学年专业排名第四。
大一	1.担任班委，积极与同学沟通交流。 2.加入学生会。 3.高分通过各项考试。	1.组织团会。 2.学期末进行主题特色团会答辩。 3.参加党团知识竞赛。	1.组织策划团会、主题特色团会活动及志愿服务活动。 2.认真完成课程作业。	1.获得“优秀主题团会”“先进班级”等荣誉称号。 2.学年专业成绩排名第二。

徐钦旭大学四年的“一人一规划”

杨　泽

在突围中入围

杨泽，男，湖北荆州人。2019年毕业于监利中学，考入文华学院信息科学与技术学部，学习计算机应用技术专业。入校之后，努力学习专业知识，积极参加各类学科竞赛，为考研做准备；获得国家奖学金、全国大学生数学建模竞赛湖北省三等奖、全国大学生英语竞赛二等奖、蓝桥杯全国软件和信息技术专业人才大赛湖北省一等奖、文华学院“优秀共青团员”等奖励。专科毕业后，升入湖北经济学院计算机科学与技术专业，继续向着考研目标前进。

初入大学，杨泽就为自己制定了七年目标：三年专科、两年本科、两年专硕。整整三年，他从未放弃过自己渴望改变的决心，做规划、钻专业、参加比赛……坚定不移地走着自己的路。有困难，就攻克困难；有疑虑，就解除疑虑。寻找合适的方法，结交志同道合的朋友，奔向宽阔的天地。

去更高的地方，看更远的风景

二战高考，杨泽再度失败。怀着无尽的不甘，他进了文华，将这里作为人生的新起点，开启了属于自己的新篇章。

杨泽的表哥毕业于北京邮电大学，他给杨泽讲了很多关于计算机的知识以及行业情况。这让杨泽深刻感受到了计算机的魅力：它极具创造力，未来存在着无限的可能。这是杨泽确定考研方向的第一个原因。同时，他咨询了一些在比赛中认识的朋友，他们也为杨泽的目标选择提供了大体方向，促使他对自己进行更加细致、全面的规划。

确立总体目标后，杨泽便开始搜集有关考研的信息。起初，他将考研目标定为华中科技大学的计算机专业。通过后续了解，他认为考入华科无法达到自己的预期目标。综合参考各方信息，他决定将目标院校改为浙江大学。

多数同学具备制订短期计划的能力，但不能制订长期计划。与他们不同，杨泽的目光更加长远，甚至看到了自己三十多岁的状态，这是他职业规划的一部分。他计划，在读专硕的后半阶段，要找机会去实习，而且优先考虑进入阿里巴巴或腾讯；硕士毕业后，在这两者中选一个去工作，持续 3 ～ 5 年；之后再根据身边的资源，抉择要不要创业；如果资源短缺，就留在公司升高管，或是努力跳槽去微软。

以上这些都只是杨泽现阶段的理想，也许它们会随着杨泽日后认知的改变而改变。但无论怎么改变，他都是一个有理想的人，理想就像一面旗帜，指引着他一步步前进。

最好的学习方法，是找到自己的节奏

为了实现考研目标，杨泽将相关的课程与对应考纲结合起来学习。他把理论学习分为三个步骤：首先粗略地过一遍教材，了解基础的知识框架以及核心名词解释；其次进行完整的通读，区分出重难点知识；最后在课堂上跟着老师的思路学习，在与老师的互动中搞懂自学时无法解决的知识点以及“边角”知识。每年寒暑假到来之际，他都会提前在教务网查询下一学期的培养计划，以便假期进行预习。他说：“我没有所谓的假期，我会适时调整自己的状态。状态好的时候，假期照样学习；状态不好的时候，上课也神游。”这样的学习“三部曲”，结合了线上名校资源和线下老师面授的优点，提高了杨泽的学习效率。

大学学习本就是一个自我约束、自我管理的过程。学习固然重要，适当的放松也必不可少。只有合理规划，才能发挥出“1+1>2”的效果。杨泽说：“我从来都不会一天到晚学习，但是我会每天学习。学习成绩的提高主要靠的是效率，而不是拼时长。我会适时调整自己的状态，状态好的时候就做需要做的事，状态不好的时候就做喜欢做的事。”

作为专科生，杨泽面临的最大困境就是学习资源问题。为此，他利用自主学习能力，通过网络资源，去寻求自己所需要的。一直以来，他都在努力提升自己的算法能力。有个学习算法的平台，名叫“Axwing”，创始人来自北京大学。这个平台提供报班学习的资源，会录制算法视频，也会提供相应的题库。做题时遇到不懂的，杨泽就结合视频讲解进行学习。如果遇到多条路径也无法解决的问题，他就直接私信创始人。这个平台组建了专供学习的交流群，里面有很多来自腾讯、阿里巴巴的“大佬”，大家随时可以在里面沟通交流。功夫不负有心人，在蓝桥杯全国软件和信息技术专业人才大赛中，他获得了湖北省一等奖，顺利进入国赛。

学习讲求氛围，杨泽很善于为自己营造良好的学习环境。暑期，家中的干扰因素太多，他就独自在武汉租房学习，以此提高自己的学习效率。宿舍存在干扰，他就到图书馆、教室等地方寻找更好的学习环境。

为了打好考研的基础，杨泽参加了数学建模、英语、算法等多项专业比赛，以此提升自己的各项能力。在参加专业比赛前，他会先去网上查看各种经验贴，在此基础上给自己制订备赛计划，具体到每天的学习进程。一旦发现计划完成得不顺畅，他就及时进行调整。

有一次比赛是数学建模，给他留下了深刻印象。这个比赛要求在规定时间内解决一个实际的问题，并完成论文的撰写。为了此次比赛，三天时间里，杨泽和他的队友熬了两个通宵，最终获得全校唯一的全国大学生数学建模竞赛省奖和唯一的 MathorCup 高校数学建模挑战赛国奖。

杨泽善于捕捉枯燥学习中的小乐趣。例如，学会一类算法后，他就去跑一下程序。成功运行后，他会有满满的成就感。这被他称为“及时反馈的乐趣”。

你是谁，便会遇见谁

现实生活中，不少同学会选择和自己同等水平或是比自己差的人交往，这在一定程度上会使自己产生优越感，从而获得心灵的慰藉。然而，与优秀的人交朋友更加重要，他会带领你、警示你，让你前行在正确的道路上，同时也让你不会盲目自大。

在248人的同年级同专业中，杨泽的成绩始终排第一名。他深知，在实现梦想的道路上，同行人很重要。于是他不断地扩大自己的交际圈，让眼光不局限于校园内，而是看向更多来自校外的优秀同学。校外的同辈朋友被杨泽称作是“通往理想的领路人”，他们一直以来都是杨泽交往最多的，他的信息搜集和各种规划大都来源于他们，或是受他们启发。

通过比赛，杨泽结识到一些优秀同学。在大二，他曾与桂林电子科技大学研二的学长组队参加比赛。比赛就像是他探索外面世界的窗口，让他开阔自己的眼界，去接触更多和自己志趣相投的朋友。在线上的网课学习中，通过课程交流群，他也接触到许多优秀的同辈人。他们所在的位置大多高于杨泽，其中不少人成为他前进路上的标杆。

国奖角逐，一次全新的挑战

获得国家奖学金，不仅要有优良的学习成绩，还要在社会实践、学科竞赛、创新发明、社会工作等方面有突出表现。面对激烈的竞争，杨泽通过层层筛选，成为国家奖学金获得者。

获奖后接受采访，杨泽说：“这是意料之中的事情。”然而，对于远大的梦想来说，这只迈下了一小步。他的淡定来源于之前的积累，一次次的参赛经历，早已扩宽了他的眼界。对于成功，他总是轻描淡写，以至于大家以为他的成长一路畅通，并不存在什么障碍。

谁的青春不迷茫？又有谁的成长无障碍？偌大的舞台，对不擅长表达的杨泽，就是一个巨大的挑战。第一轮学部国奖答辩之后，辅导员告知他，他的答辩效果很不理想，在公共场合发言，他表现得过于紧张。为了缓解他的紧张情绪，辅导员在校级国奖答辩之前为他安排了两场周末晚点评发言，这些练习不仅让他顺利地完成了这次答辩，还提升了他与人沟通的能力。在他看来，世上没有所谓的难题："我愿意做的事情，它再难也不算难；我不愿做的事情，不难也难。心理能改变客观事物的难度。"

一直以来，杨泽都渴望摆脱束缚，坚持寻求自己的理想。这个束缚是专科的束缚、周围人的束缚和资源的束缚。在他的成长之旅中，始终贯穿着"突围"和"入围"：突破现阶段的围墙，摆脱专科所带来的限制，成功"突围"；怀揣对理想信念的追求，渴望进入自己心仪的目标院校及专业，努力"入围"。

（成诺／撰稿；邓娟／校改）

李雨萱

有“强迫”自己变优秀的一股劲

李雨萱，女，湖北武汉人。2018年毕业于黄陂六中，考入文华学院经济管理学部，学习会计学专业。入校之后，努力学习专业知识，积极参加学科竞赛；担任班级生活委员，积极为同学服务；热心公益，主动参与社区防疫工作；获得国家奖学金，“东方财富杯”全国大学生金融精英挑战赛国赛三等奖，湖北省翻译大赛笔译组优胜奖，“普译奖”全国大学生翻译比赛三等奖，文华学院一等奖学金、“三好学生”、“优秀学生干部”等奖励。本科毕业后，就职于武汉鑫木森商贸有限公司，工作之余正在准备研究生考试。

打开李雨萱的微信朋友圈，一张张美好而充满活力的照片映入眼帘。在层次分明的刘海下，有双闪闪发光的眼睛，清澈明亮，犹如明镜。圆圆的脸蛋，活泼的穿衣风格，这个女孩看似小猫一样柔软，骨子里却有着一股劲。

从前只愿“做观众”的她，试着“做主角”

谈到自己，李雨萱说，她并不是一个很有自信的人。性格内敛的她，通常很少愿意站在“舞台的C位”。

李雨萱的高考成绩不理想。来到文华学院后，她下定决心专注于学业，加上性格内敛，她在集体中更愿意“做观众”。在大一的班委竞选中，生活委员这一职务空缺。经过同学的推荐，李雨萱成为候选人，但她并不愿意参与竞选。得知这一情况后，辅导员王丹丹老师找到她，希望她能够担任这一职务。面对新的环境、尚未熟悉的同学，害怕和不自信使她打起了“退堂鼓”，但心里的一个声音暗暗告诉她：“你应该迈出这一步。”

站在班委竞选的讲台上，面对着一张张仍有些陌生的脸庞，李雨萱的大脑里飞快地闪过提前准备好的讲稿，努力地控制住紧张的声音。最终，她以高票当选生活委员。这次成功的经历，增强了她的信心。之后，她又勇敢地给学校的几个学生部门和社团投了申请函。她通过了两个部门的笔试，先后接到了面试通知。在其他人看来，这是令人开心的消息，但李雨萱却想放弃。辗转，犹豫，她担心失败，一遍又一遍地设想着面试过程中可能会出现的突发情况，压力也越来越大。所幸她扛住了压力，也想明白了：“我不可能永远逃避面试，我需要锻炼自己。”于是她鼓起勇气，参与了

第一个部门的面试。这次她失败了。面对进入大学后的第一次碰壁，李雨萱沮丧过，但很快就调整了自己的心态，成功通过了另一个部门的面试。

大二时，她继续挑战自己，参加了潜能副导师的竞选。相比于大一时的紧张和犹豫，这时的李雨萱心态更加平和，以良好的状态，成功当选2019级新生潜能副导师。

和很多获得国家奖学金的学生不同，李雨萱并不是很早就确定去参评国奖。她说："我以前做一些事情，没有想过这些事情会为评国奖提供帮助。对我来说，得国奖是很遥远的一件事情。我身边优秀的人很多，怎么会是我得国奖呢？参评国奖的时候，我只是抱着尝试的心态去试试。"

"试试"的想法，对李雨萱产生了深刻的影响。试试做班委，试试加入部门、社团，试试参加竞赛，试试参评国奖……她的生活被"试试"充满。在"试试"面前，她并非每次都有完美的表现，有时也会经历失败。为此她曾郁闷难过，甚至痛哭流涕。幸好，她在痛定思痛中发现："一次失败并不意味着什么，那仅仅是一时的。我没有赢得这一场比赛，并不意味着我失去了参加下一场比赛的资格。"

李雨萱深知，机会是需要争取的。每一次选择"试试"，都是在挑战自己；每一次跌倒爬起，都让自己更有韧劲。

小火慢炖的粥，却有大火烹调过的滋味

"韧劲和行动力，这两点是我认为李雨萱能够获得国奖的主要原因。"辅导员王丹丹老师这样说。

李雨萱做事稳扎稳打，喜欢"慢慢"来。无论大学专业的选择，还是选择学习 ACCA，这些都是她慢慢决定的。据她介绍："我是在深思熟虑

后才选择会计专业的，是在慢慢了解自己专业的过程中，结合自己的能力和兴趣以及各个方面的因素，最终才选择考这个证书。”在这个快餐时代，进度条被按下了加速键，人们常常忙于完成一件事，然后匆匆开始下一件事，而李雨萱像一碗小火慢炖的粥，慢慢挖掘自己，慢慢复盘自己，慢慢找寻属于自己的意义。

细细品味李雨萱的“一人一规划”，可以发现她的规划是由浅入深的。她习惯制定规划，并有一套自己的方法。以前，她会强制规定完成各项任务所需要的时间，给任务加上“时间的枷锁”。实践几次后，她发现，时间到了，事情却没有完成，焦虑感和紧张感冲淡了完成任务后的成就感，甚至影响了效率。后来，她选择“反向而行”。在完成每项任务时，她会记录所需的时间，不以时间来控制进度，而以进度来控制时间。完成一件事情之后，再反思所用的时间是否合理。通过一次次的总结，她找到了提高效率的办法，将之运用到类似事情上。在她看来，合理安排时间，就相当于节约时间。

以“慢慢来”实现高效率，这看上去似乎有些矛盾，但事实确实如此。在慢慢摸索前进中，李雨萱把在意的对象从时间转移到整体完成度上，及时复盘，及时总结，以此更好地提升效率。时间的进度无法被改变，但自己可以被改变。选择慢慢来，何尝不可实现高效率？

把握现在，才能走得更远

在“想、说、做、成”之中，李雨萱的“想”，常常以切实可行为原则。不驰于对未来的空想，不沉沦于过去的悲伤，她的重心是当下的每一刻。

步入大学后，不理想的高考成绩并没有使李雨萱自怨自艾。她埋下一颗重新再来的种子，让它在文华生根、发芽、结果。人生并不是一帆风顺的，李雨萱深知这一点。对于失败，她并没有因此而沉沦，而是总结和反思，“过去的启示可以让我走得更远，而我更需要把握住当下”。

对于自己制定的规划，李雨萱会以现实性为准则，考察可实现的程度。每天早上“逼”自己早起，熬夜学习到凌晨三四点钟，依然可以七点钟起床接着学习。她蕴藏着极强的韧劲，制定规划之后，能够坚持去完成。

从面试前的胆怯，到勇于挑战自己，再到获评各项荣誉和奖励；从了解相关专业知识，到选择考取 ACCA 证书……李雨萱有“强迫”自己变优秀的一股劲。借着这股劲，她把握住现在，更加优秀地走向未来。

（陈潇彤／撰稿；邓娟／校改）

	想	说	做	成
大三	1. 努力学习专业知识。 2. 学习 ACCA。 3. 通过大学英语六级考试。 4. 考取初级会计证书。 5. 谨记为人民服务的宗旨，努力向党组织靠拢。	1. 参加入党积极分子转为发展对象的答辩。 2. 进一步提高表达能力。	1. 上课认真听讲，努力学习专业知识。 2. 学习 ACCA 的 F4、F9 两门科目。 3. 学习初级会计考试科目。 4. 准备大学英语六级考试。 5. 参与志愿服务活动和社会实践活动。	1. 成绩排名专业前三，获一等奖学金和“优秀学生干部”称号。 2 通过 ACCA 的 F4、F9 两门科目考试。 3. 取得初级会计证书和 ACCA 初级商业会计证书。 4. 参加校内活动和学科竞赛，取得校内奖和国家级奖励。 5. 成为一名预备党员。
大二	1. 努力学习专业知识。 2. 学习 ACCA。 3. 积极学习党的理论知识。	1. 申请担任潜能副导师。 2. 带领大一新生适应大学生活。 3. 与潜能导师对接工作。	1. 上课认真听讲，努力学习专业知识。 2. 学习 ACCA 的 F1、F2、F3 三门科目。 3. 参与志愿服务活动和社会实践。	1. 成绩排名专业前五，获得一等奖学金和“三好学生”称号。 2. 通过 ACCA 的 F1、F2、F3 三门科目考试。 3. 参加校内活动和学科竞赛，取得校内奖励和省级奖励。 4. 入选为入党积极分子。
大一	1. 了解自己的专业课程，找到自己擅长的领域。 2. 积极向党组织靠拢，递交入党申请书。	1. 竞选生活委员。 2. 参加自律委员会面试。	1. 上课认真听讲，努力学习专业知识。 2. 认真完成自己的各项工作。 3. 参与志愿服务活动。	1. 成绩排名专业前五，获得一等奖学金。 2. 通过大学英语四级考试。 3. 参加校内活动和学科竞赛，取得校内奖励和省级奖励。

李雨萱大学前三年的“一人一规划”

罗　娴

接纳自己的普通，拥抱不普通的精彩

罗娴，女，江西瑞昌人。2018年毕业于瑞昌市第一中学，考入文华学院外语学部，学习英语专业。入校之后，积极向党组织靠拢，不断提高政治素养，坚持与时俱进。积极参加各类学科竞赛，取得良好成绩。担任班级学习委员、潜能副导师等职务，获得师生一致好评。积极投身社区防疫，为疫情防控贡献力量；参加瑞昌市青学联工作，参与贫困山区支教。获得国家奖学金，文华学院一等奖学金、"优秀学生干部"、"三好学生"、"暑期社会实践优秀个人"等奖励。本科毕业之年，考入中南民族大学攻读英语专业硕士学位。

“站在校级答辩台上五分钟的我，是二十多年来最自信的我。”这句话是罗娴在自述里提到的。国奖答辩的日子已经远去，公示栏里的获评名单开始有些卷翘，但对这一次经历罗娴仍记忆犹新。站在大学生活动中心舞台上进行国奖答辩的五分钟，是她大学四年最闪亮的“高光时刻”。

“我很普通，所以要更加努力”

2018年，罗娴成了文华学院的一名学生。被录取到英语专业，对她而言可谓是如愿以偿。一直觉得自己并不是尖子生，只是英语方面有些“拔尖儿”的她，凭借对英语的满腔热爱和埋头苦干，英语成绩一直名列前茅。“越是考第一，就越想考第一”，似乎是好成绩坚定了她更要学好英语专业的决心，但这份好成绩实在来之不易。

从小受到要求严格的姑姑的影响，罗娴一直都觉得“好好学习是必须的”。来到大学之后，环境变得比高中宽松，她却给自己规定了很多“条条框框”。

按照学校的要求，大一新生需要进行为期一学年的晚自习。坐在相同的教室，罗娴却和一些初入大学自控能力较差的同学不同，两个小时的晚自习时间，她可以一直专注于学习。整理笔记，完成作业，查漏补缺……一件又一件，填满了她大一一学年所有的晚自习。埋头专注的那股劲儿，从她身上由内而外地散发。同桌好奇地问：“晚自习的时候，你一点都不想玩手机吗？”她说：“如果我真的很专注，哪有心思去刷手机？”

和总想着“找个伴儿”的同学不同，学习的时候，罗娴是个不折不扣的“独行侠”。书包，水杯，今日必做清单……收拾好一天的必备用品，她会找个没有熟人的地方学习，这是她的“独家秘诀”。她说：“熟人的行为会影响我的注意力。如果在一个陌生的环境，谁也不认识谁，可以排除一些干扰。”

面对夸赞，罗娴常常笑着摆手说自己并不优秀，是普普通通的存在。但是，她身上努力的干劲，让她并不普通。在学习上，她简直就是完美主义者。对于课程作业，她总是专注地去完成，笔记用不同颜色标注得密密麻麻，课前预习、课中参与、课后复习……老师们常常强调的事情，罗娴早已养成了习惯。

英语专业的学生，常常要在课上做 presentation（展示）。对于罗娴来说，做一件事不仅要把它完成，而且要尽全力把它做得出色一点。无论单枪匹马，还是团队上阵，她都是出类拔萃的那一个。在精益求精地完成自己的任务后，她常常会负责小组整体项目的汇总、校对以及完善。即便有时并不是小组长，她也是组里的“定海神针”。

2021 年，罗娴参加了全国大学生英语竞赛。她从小一直觉得自己成绩并不拔尖，在一些机会与挑战并存的时候，常常担心：“我行不行啊？”这次的大英赛也不例外。即使听到老师的鼓励，她依然有些“自我怀疑”，但行动上她的出类拔萃“露出了马脚”。

在肖春英老师的建议下，罗娴参赛复习的题目扩大到近六年的真题。题海战术的枯燥并没有让她“打退堂鼓”，反而让她一点一点地摸索到了自己的关键问题——速度。为了提高做题速度，必须对题目“摸个底朝天”。做一道，记一道；在提高速度的同时纠正错误，整理好错题……过五关斩六将，最终罗娴代表文华学院参加了全国大学生英语竞赛复赛，并获得了一等奖。从英语课堂展示的讲台，走上全国竞赛的领奖台，她的学习成绩“开了花”。在他人看来，罗娴有足够的资本可以骄傲，她却说：“我常常感到不太自信。”

“我是一个很踏实的人”

被外祖父母带大的罗娴，从小就被教育“为人处世要本分”。比起很多年少辉煌梦未醒的同龄人，她的人生规划看得比较远，也很实在：“30岁，如果顺利的话，我或许已经考取教师编制，这可能是我的一个比较理想的状态。或许作为一个社会人，我已经有一份比较不错的收入。或许已经成家立业，有一份感兴趣并一直坚持的工作。”

罗娴说，自己比较注重结果。在结果里，能够收获自我满足感和自我肯定感。为了让“老师梦”这棵树开花结果，大学第一年暑假，她就去了教育培训机构做助教老师。她意识到：“如果之后我想从事这个行业，现在就应该有针对性地提高相关技能。”

在罗娴的人生意义里，除了活在当下之外，还有另外两个关键词——自我目标的达成和自我价值的实现。她一直在追寻自信，将自我满足感与人生目标捆绑在一起。一次目标的实现，是激励自己向更高目标进发的动力。她看上去像个“自我掌舵人”，实际上却将一群人放在了自己的人生意义里。不同于网络上常说的那样“趁年轻，肆无忌惮做自己”，罗娴更希望“活成别人的期待”，成为别人的祝福。

罗娴很在乎家人的意见，但不会一味盲从。“如果我认同家人对于自己的规划与期待，我会将之变成自己的目标。如果我不认同，我会走自己的路。”好在家人也没有要求罗娴按照他们的意见去做，而是尊重她自己的意见。一路走过来，她更多的是自我驱动，而非亲情的推拉。在她的认知里，自我价值的一部分是能够为家人遮风挡雨。

“她是一如既往地出类拔萃”

学生工作是罗娴大学生活中占比不小的部分。在学生工作中，她是不折不扣的“好领头羊”。在班级里，年龄最小的她却被大家称为“娴姐”。“她年龄最小，但是‘地位’很高。”辅导员苗艳艳老师笑着说，“每次班级事务遇到难题，大家都说‘老师，问问娴姐怎么看’，班级里的同学都很信任她。”苗老师说，“她是一如既往地出类拔萃”，“但她并不特别愿意去表现自己，她有能力，但很低调”。

作为国奖生群体的一员，罗娴拥有踏实、自律、规划清晰等群体特质。成为国奖生，除了涌上心头的喜悦之外，她还有幸迈入了“进步的圈子”。每次和优秀的人交流，她都会有所受益。无论专业课老师、辅导员老师，还是同在学生部门工作的同学，罗娴常常和他们交流，在他们身上总能看到闪光点，经常受到激励和启发。

罗娴容易产生自我怀疑，但在努力这件事上，她十分坚定。她经常提醒自己：“比我优秀的人还有很多，我不过是幸运地在这样一个很小的圈子里表现得还不错。”获得国奖后的心情是冲上云霄般的喜悦，但喜悦之后，她丝毫不敢松懈。

“自信而不自满，谦卑而不自卑”，这是罗娴一直秉持的人生态度。在外人看来，头顶有着“光环”的她，可以肆意地“躺平”，享受“高光时刻”所带来的荣耀，但她却说：“国奖生也是平凡人。他们能做到的，其他人其实也能做到：掌握一套适合自己的学习方法，并持之以恒地落实下去，学习成绩一定会有很大的进步；多参加社会实践和课外活动，以此来提升自己、充实自己；抓紧时间，充分规划和利用好大学的宝贵时光；

对身边关心、鼓励过自己的人常怀感恩之心，并激励自己更加努力。”

在自定的平凡标签里，罗娴一如既往地出类拔萃。站在国奖答辩台上，虽然只有五分钟，却是她终生难忘的“高光时刻”。在这个时刻，她更加靠近自己，更加靠近想要实现的教师梦，也更加靠近想要实现的人生价值。此后不久，她收到了中南大学英语专业研究生的录取通知书。属于她的“高光时刻”，未完待续。

（陈潇彤 / 撰稿；邓娟 / 校改）

	想	说	做	成
大四	1.考上理想的学校。 2.安排好自己的时间，提高效率。 3.提前做好步入社会的心理准备。	1.参加文华学院国家奖学金答辩会。 2.给学弟学妹分享专业英语四级备考经验及学习方法。	1.准备考研。 2.为学弟学妹们答疑解惑，分享学习经验。	未完待续……
大三	1.多阅读，多思考，探索未来的方向。 2.尽早确立考研目标。 3.保持学业成绩，厚积薄发。 4.将前两年在团学组织积累的经验，分享给学弟学妹们，给他们提供指导。	1.参加学部“三好学生标兵”答辩。 2.竞选2020级潜能副导师，并在年终大会上做工作总结。 3.主讲抗美援朝精神晚点评。	1.积极投身家乡社区防疫工作，参与贫困山区支教志愿服务活动。 2.疫情网课期间，合理规划学习时间，完成学习任务。 3.担任2020级新生潜能副导师。 4.搜集考研信息，确立考研目标。	1.高分通过专业英语四级考试，突破外语学部历史最高分。 2.代表文华学院参加大学生英语竞赛湖北省决赛，并获得一等奖。 3.学业成绩连续三年排名年级第一。
大二	1.以优异成绩通过大学英语四、六级考试，以及英语专业四级考试。 2.更加敢于挑战自己，积极参加学科竞赛。 3.平衡好学生工作与学业的关系，做好时间管理。 4.进一步提升自己的专业水平。 5.做一份社会兼职，锻炼自己。	1.做好学习部部长的工作。 2.主持外研社演讲比赛以及英语角活动。 3.在晚点评时，给同学们分享缓解压力的办法。 4.在兼职面试中，勇敢自信地表达自己。	1.发展自己的兴趣爱好，学习吉他，练习英语口语。 2.锻炼自己的组织能力和管理能力。 3.积极参加各类学科竞赛以及等级证书考试。 4.参与志愿服务活动。 5.在暑期担任少儿英语口语培训助教。	1.以优异成绩通过大学英语四、六级考试。 2.在英语学科竞赛中获得一些奖项。 3.平衡好了学生工作与学习的关系，学业成绩排名年级第一。 4.在兼职过程中，受到所在机构老师的一致好评，自己变得更加自信。
大一	1.尽快适应高中到大学的转变以及陌生的校园环境。 2.竞选上班干部。 3.加入学生组织。 4.在学业上实现自己的目标。 5.交到一些知心朋友。	1.在学生工作中，及时与辅导员、学长学姐沟通交流。 2.在日常生活中，及时与家人、朋友沟通交流。 3.在学业上积极发问，多向老师请教。	1.积极主动竞选班级学习委员。 2.积极参加学生会面试，参加羽毛球社团活动。 3.形成良好的学习习惯，在学业上脚踏实地。	1.学业成绩排名年级第一，获得一等奖学金。 2.获得优秀部委、优秀学生干部等荣誉称号。 3.结识了几个志同道合的朋友。

罗娴大学四年的“一人一规划”

李文杰

活成一束光，成就自己，照亮他人

李文杰，男，湖北枣阳人。2018年毕业于湖北省襄阳四中，考入文华学院城市建设工程学部，学习环境设计专业。入校之后，刻苦学习专业知识，担任环设2班副团支书、2019级环设4班潜能副导师。开展大学生创新创业实践，创办“一枫艺术工作室”，入围哈佛大学创新实验室“Art for Polar”艺术展和武汉城市青年文化艺术周，组织并参与社会实践“共抗疫情美术公益活动”、北京冬奥会“绿动冬奥”实践项目；获得国家奖学金，文华学院一等奖学金、“五四青年标兵”、“优秀学生干部”、“优秀共青团干”、“社会工作积极分子”等奖励。本科毕业后，将继续在英国爱丁堡大学攻读硕士学位。

林清玄在《送一轮明月给他》一文中写道：“我们时时保有善良、宽容、明朗的心性，不要说送一轮明月，同时送出许多明月都是可能的。因为明月不是相送，而是一种相映，能映照出相互的光明。” 李文杰就是这样一个人，他愿意捧出自己的那轮明月，去照亮他人的路，同时也成就自己身上闪耀的光辉。从惠及他人到成就自己，他活成了一束可以照亮他人的光。

不被定义，坚持做自己

人的一生，就是不断学习、成长的过程，随着认知的变化，目标和梦想也在不断地改变。李文杰很少会为自己制定很长远的目标。在他看来，自己拥有无限的可能。眼界开阔之后，会接触更多新事物，可以随时开启新的旅程。

清晰认识自己是一种能力，也是一种美德。李文杰深知自己自制力不够强，学习时总会尽量避开人多的场所，避免外界的干扰。他喜欢安静的环境，让自己完全沉浸于学习之中，以此提升学习效率。正如学校一直倡导的个性化教育观念所说，每个人生来都是独立的个体，要学会欣赏自己的与众不同。这些不同有的体现在优点上，它可能不太容易显现，需要我们慢慢去发掘、慢慢去培养，让这簇小火苗展现出无限的力量，释放出光与热。

李文杰热爱生活，喜欢记录生活中的美妙瞬间。他谈到，自己是一个怀旧的人，需要时不时地用照片和视频去回顾过往的时光。比起他人对事物的看法，李文杰更在意事物背后的意义。他并不追求要把这些照片拍得多好看，要给多少人展示，他只想表达自己，回归到事物最本真的状态。

做自己的光，照亮他人的路

自初中开始，李文杰就进了寄宿制学校，以至于后续上高中、上大学，他都显得格外独立。他说：“我可以为自己做选择，也具备为自己的选择负责任的能力。”寄宿的经历让他更加独立地生活，这种能力还慢慢迁移至学习上面。大学阶段，他更加自觉地进行自主学习，也很关注专业学习以外的拓展。学习某一门课程，课后他会私下深入了解，以这个课程为核心点，主动地了解相关的知识，将学习从课堂之内延伸到课堂之外。

李文杰选择的，不仅有他的专业，还有他的热爱。大二时，学校开始推动各学部的创新创业工作，他响应号召加入进来。为了更好地与专业同学交流，他与同班的王洁同学以及环境设计 1803 班的彭铜燊同学一起创立了“一枫艺术工作室”。起初大家只是想聚在一起聊聊天、搞搞艺术创作，并没有想过让它具备什么商业价值。可随着工作室规模的壮大，他们想到可以利用这个平台去帮助更多有需要的同学。他们了解到，学校建筑与规划专业的同学大多并不具备美术功底，可专业课程需要他们有此功底，而他们的工作室正好能够解决这个难题。同时，工作室也召集了其他学部爱好美术的同学，可以为他们提供展示的空间。针对学部内有创业兴趣的同学，工作室开展了环保与美术相结合的实践项目，帮助成员积极参与社会实践以及其他创新创业活动。

2020 年，突如其来的疫情打破了原本平静的生活。李文杰的爸爸作为社区一线抗疫工作人员，常常因为工作忙碌，只能端着碗蹲在门口吃饭。受爸爸的影响，李文杰也想用自己的力量帮助他人。他向辅导员余宝睿老师提起这件事，并表明了自己的想法。余老师非常赞同他的想法，并向他提议:“既然你有专业知识,要不要尝试通过网络的方式开展公益活动呢?”听了此话，李文杰迅速做出规划，并发动工作室其他成员，发起“共抗疫情美术公益活动”，为一线抗疫工作者的子女提供温暖。

他们结合专业所学，利用周末时间，组织开展线上免费美术培训，共招募28名学生。通过美术架起沟通的桥梁，减少抗疫人员因工作忙碌无法陪伴孩子所带来的困扰。考虑到许多小朋友在由老人照看，而老人无法熟练操作手机的情况，李文杰他们的第一次授课由直播改为录播。在授课的过程中，他们遇到了不少难题：录制工具有限，微信群里的视频时长不能超过5分钟，等等。他们发挥专业特长，逐步克服困难：利用纸盒，制作出放置手机的承重工具；将作画过程剪辑成一个个小视频，再依次发送至微信群。这样既突破了时长限制，又能确保小朋友们掌握绘画步骤。这些改变，有效调动了小朋友的积极性：课上他们积极互动，主动向老师提出问题；课后他们迫不及待地向老师反馈自己的作品。李文杰他们与小朋友一起，课堂内外逐渐进步、成长。

做一个敢于担当的人

很早之前，李文杰就明确地规划了自己未来的目标。他想出国，去更高的学府深造，更加深入地学习，钻研自己的专业。因为疫情的原因，大多数有出国想法的人逐渐退却了，李文杰却不然，他自始至终没有放弃自己的目标。他说：“只要能出国深造，即使每天待在家里上网课，我也愿意。”

做公益，成立工作室，参加比赛……李文杰坚持利用所学专业开展活动。对每件所选择的事情，他都抱着不敷衍的态度去做，并立志将它做好。

他发挥自己作为党员的责任感和使命感，在成就自己的同时，尽全力地帮助别人。

大一刚入学，正值军训时期，李文杰班上还没有组建班委。八栋男生宿舍的楼道里每天都堆满了垃圾，宿管阿姨实在忙不过来，多次向辅导员余宝睿老师求助，希望她能调动同学一起解决这个难题。正当余老师为此感到头疼的时候，李文杰主动联系到她，说："老师，我联系我班男生，把楼道的垃圾都清理下去了。"这个举动让余老师十分惊喜，发现眼前的这个男孩很有责任心。他并不是班委，在当时和班上同学并不是很熟，却能带动大家，一同解决这个麻烦。校园里汇聚的，是来自天南地北的同学，大家有着自己独特的性格，李文杰劝导大家加入清理垃圾的活动，有部分人是不情愿的。他是用以身作则的方式带动大家，其他同学看见他在干，发自内心地认可他之后，自然而然地跟着干了起来。

疫情期间公益活动的开展，伴随着不少问题。参与家庭提出了各种各样的疑问："这个收不收费呀？""你们为什么免费做这个事情，图什么呀？""我也没有看见你们画出多好的作品，小朋友能学到什么呀？"面对这些质疑，李文杰并没有退缩，哪怕是只有几个小朋友，他也会尽力把课上好，想办法提升教学质量，争取让小朋友学有所获。看见成效了，联系他们的家长也多了起来，最后有 28 名小朋友参与这个公益活动。

办工作室时，困扰也从未中断。几个学生创立的工作室，大部分活动是公益性质的。组织开授绘画课程，最多也只收取了材料费用，和外面的美术机构相比，收费可谓是天壤之别。再加上还要开展其他项目，李文杰承受着很大的压力，花了很多精力来维持工作室的正常运营。抱着既然做了就要做好的心态，他坚持了下来，最终也有所收获。即使这收获和付出相比，是微不足道的，但也是他坚持的成果。他并不那么在意，到底有多少人从他的善举中受益，这个问题他并没有想过，仿佛这些事情本就是他该做的。如果有一个新的机会，或是又有一群人需要他的帮助，他依然会毫不犹豫地揽下这个重担。

快乐地生活，用自己的力量带给他人一些积极的影响，这在李文杰看来是人生最大的意义。他将自己活成了一束光，手捧一把火炬，点燃了希望，成就了梦想。

（成诺/撰稿；邓娟/校改）

宋承骏

翻越一座座山

宋承骏，男，江苏连云港人。2017年毕业于连云港市新海高中，考入文华学院机械与电气工程学部，学习电气工程及其自动化专业。入校之后，刻苦努力，目标明确，学习成绩在年级中位居前列；担任班长、潜能副导师等职务，有较强的组织和协调能力；积极参加学生工作，组织策划各类文体活动；担任机电学部学生第一党支部副书记，主动参与社区抗击疫情志愿服务，受到好评；获得国家奖学金，连续三年获校一等奖学金，多次获得校“三好学生”“优秀学生干部”等奖励，曾被评为校“优秀共产党员”“三好学生标兵”。本科毕业之年，考入安徽理工大学攻读硕士学位。

山顶的风景很美，但通往山顶的路崎岖不平。只有坚持到最后的人，才能到达山顶，欣赏美丽的风景。从害羞的男生到国奖获得者，宋承骏翻越一座座山，成功完成了从后进生到优秀学生的蜕变。

站在新的起点上，决心要有所改变

高中时期，宋承骏并不是一个优秀学生。大学入校，父母一起来送，走的时候，既伤心又担心。看着父母离去的背影，回想起被自己荒废掉的高中三年，他决心有所改变，尽自己最大的努力，成为一个不让父母伤心、担心的孩子。

带着一定要有所改变的信念，宋承骏在入学之初，就着手对自己进行改造。针对见陌生人会害羞的问题，他就主动与同学聊天；不知道自己的长处在哪，他就主动加入各种学生组织，尝试参加各种活动；学习自律性不强，他就每次上课抢占第一排座位。大学生活被他安排得满满当当，最终也收获了累累硕果。

专业课学习之外，宋承骏特别注重综合素质的拓展和提升。除了睡觉的时间，他几乎不会待在寝室，而将时间用在努力提升各项技能上。学校缺乏英语口语学习的环境，他就在校外报名参加英语口语培训。对于中午和晚上的时间，他则根据手头上的工作排班，有条理地处理各项事情。他充分利用每一寸光阴，在忙碌中充实自己的生活和心灵。

在实践锻炼方面，宋承骏从未停止过说和写。从最开始的班干部竞选演讲、各种面试，到后面的奖项评选和研究生复试，都是对他的挑战和锻炼。其中，让他印象最深的是国奖评选。在辅导员文雪平老师的帮助下，他的演讲稿改了一遍又一遍，也私下找室友和同学演练了 60 多次，才有了评选当天的稳定发挥。此外，他认为写得一手逻辑清晰、条理清楚的文章，也可以让自己脱颖而出。因此，他经常记录一些日常见闻和生活感想，并把这些分享出去，由此也得到了不少锻炼。

在决心改变的时候，宋承骏并没有想到自己在学习成绩方面会得到较大的提升，他只是想在各个方面都锻炼一下，看自己拼尽全力后到底能走多远。入校之后，他不断为自己争取学习和锻炼的平台：竞选班长，参加心理中心助理招聘的面试，和学长一起参加创业项目……从自称的“自闭崽”到能够勇敢面对各种社交场合，从学习落后到领先，他开始不断地突破自我，努力成为一个新造的人。

攀登路上的荆棘，是通往成功的基石

从不善言辞的后进生，到国奖答辩台上侃侃而谈的优秀学生，宋承骏摸索出了一条属于自己的路。大学的学习不同于中学时期，老师、家长的督促变少了，对学生自律能力的要求变高了。针对自己自律能力较弱的缺点，宋承骏通过改变外界环境来使自己更快进入学习状态。为了专注学习，他上课时将手机调至静音状态或者直接关机。寝室学习氛围不够好，他就去图书馆或者工作室。不论学习专业知识，还是自学课外知识，他都会充分利用图书馆的资源，并主动向老师请教难题。

在学习方式上，宋承骏习惯于逐字逐句地理解。他认为重点知识是由许多基本原理组成的，不把基本原理弄明白，就无法掌握重点。但这种方法需要不停地翻看前面的知识，会让学习进度变慢。而且，看得太多容易使脑子里的知识变得混乱，需要逻辑性强的方法来使之系统化。后来，他偶然发现了一个十分有效的学习方法，那便是通过“教人”来学习。大三时的一次考试，他为了帮助同学们复习专业课，就学着运用老师的思维去看书，研究如何把知识点讲清楚。他惊喜地发现，这种学习方式能帮助他更好地去理解和记忆知识。因为复习时间处理不当，并且要给同学讲解而来不及全面复习，那一次他差点挂科。但也正是这点小惊险，促使他更好地改进自己的学习方式，在探索中灵活变动。因为要帮助同学复习，自己要先弄懂，所以他往往要花费很多时间去学习某一个知识点，不弄懂就不往下看。遇到自己实在弄不懂的，他就主动去请教老师，或直接给老师发微信，甚至去教室“堵”老师。

知道自己是易胖体质，宋承骏十分注重运动。结合自己在武术方面的兴趣，在文华学院“一人一体育技能”的理念指导下，他每学期的体育选修课都会选择武术类，例如散打、太极拳、武术、跆拳道，每门体育课的成绩都在 98 分以上。

凭着勇往直前的韧劲，宋承骏大学期间一直保持着专业第一的成绩。在文华学院“一人一规划”的人才培养模式下，他以个性化规划为指引，不断突破学习生活中的一个又一个难关。

站在山顶的感觉很好，我不想跌落

如果说大一第一次期末测评获得专业第一名是意外的惊喜，那接下来的每一次成功都是宋承骏用心争取的。当“第一名效应”发生作用后，他的学习态度发生了很大的转变，很想保持第一名的荣誉。于是他更加努力地朝着自己心中的方向去奋斗：争取奖学金，参加各种专业比赛，和学长一起创业……

宋承骏认真对待文华学院的“一人一规划”育人方针，每个学期都会计划这学期需要干什么。大一时只想着考过大学英语四级和不挂科，到了大二就找到了自己的兴趣和人生的目标。每学期结束后，他都会根据上学期的经验教训，对下学期的学习与发展进行认真规划，这样就知道接下来努力的方向，去图书馆看书也不会漫无目的。当确定去考选调生后，他就主动搜集备考资料来自学。为了更好地锻炼自己，他在大二时担任了新生班级的潜能副导师和学部的党支部组织委员，并参加了工作室和创业活动。

宋承骏最大的优势就是知道自己差在哪里，做每一件事都会充分准备。如果需要发言，他就提前列好提纲。他也会虚心接受老师和同学给他的建议，有不懂的地方就主动寻求帮助。大学期间，他和教授制图的王文琪老师一起创立了一个工作室。虽然工作室的任务与宋承骏的专业并没有太大的关联，但他仍然坚持学习，认真负责地对待每一个细节。白天，他很少待在寝室，一般都是在图书馆或工作室学习。晚上回到寝室，他和室友会通过为对方出题互考的方式来保持沟通，查漏补缺。

大一时，宋承骏专业成绩第一，尝到了甜头。如果没有那次第一，他的大学生活可能就是另外一种状态了。因为拿了一次第一，他在得到荣誉的同时，也接受了别人给的光环。为了保持这份荣誉，不辜负老师和同学的期待，他总会付出比其他同学更多的努力。有一次，到了考试复习周，他和几个好朋友一起在王老师的工作室里学习，一连待了三四天。每天从早上七点学到凌晨一点，然后在工作室睡觉。那段和好朋友一起学习的时光，让宋承骏受益良多。

本科毕业前夕，宋承骏被录取为安徽理工大学的研究生。在他走向成功的道路上，许多老师和同学给了他积极的帮助。辅导员文雪平老师在“五四青年标兵”答辩时，放弃周末休息的时间为他调整 PPT；鲁艳旻老师给他的考研复习答疑解惑……这些都给他留下了深刻印象，也给他添加了前行的动力。通过坚持和努力，他翻越一座座山，正在走向更高的山峰。

（李慧／撰稿；王秋玲／校改）

附录一　文华学院国家奖学金管理暂行办法

第一章　总　　则

第一条　为了全面贯彻党和国家的教育方针，激励学生勤奋学习、努力进取，在德智体美劳等方面得到全面发展，根据国家相关法律法规及文件精神，结合学校实际，特制定本办法。

第二条　国家奖学金用于奖励高校全日制本专科学生中特别优秀的学生。

第二章　奖励标准与申请条件

第三条　国家奖学金由中央政府出资设立，奖励标准为每人每年8000元。

第四条　国家奖学金的基本申请条件：

1. 具有中华人民共和国国籍；

2. 热爱社会主义祖国，拥护中国共产党的领导；

3. 遵守宪法和法律，遵守学校规章制度；

4. 诚实守信，道德品质优良；

5. 在校期间学习成绩优异，创新能力、社会实践、综合素质等方面特别突出。

第三章　申请与评审

第五条　国家奖学金的申请及评审坚持公开、公平、公正、择优的原则。

第六条　国家奖学金申请与评审工作由各学部学生工作办公室组织实施。各学部要根据本通知的规定，制定具体评审办法，并报学生工作部（处）备案。

第七条　国家奖学金实行等额评审，每学年申请和评审一次。申请国家奖学金的学生为在校生中二年级以上（含二年级）的学生。

同一学年内，学生在申请国家奖学金的同时可以申请并获得国家助学金，但不能同时申请并获得国家励志奖学金。

第八条　学生根据本办法规定的国家奖学金的基本申请条件及其他有关规定，向学校提出申请，并递交《湖北省普通本科高校、高等职业学校国家奖学金申请表》。

第九条　各学部学生工作办公室负责组织评审，提出本学年国家奖学金获奖学生建议名单，必须先向学校评审领导小组汇报评审办法及过程，再张榜公示，公示时间不少于五个工作日。公示结束后上报学校，学校将进行审查，确保推荐工作公平、公正、公开。

第四章　国家奖学金发放、管理与监督

第十条　国家奖学金一次性发放给获奖学生，颁发国家统一印制的奖励证书，并记入学生的学籍档案。

第十一条　各学部要切实做好国家奖学金的评审和发放工作，确保国家奖学金获得者为学校特别优秀学生。

第十二条　各学部必须严格执行本通知的规定，对国家奖学金实行专

款专用、发放到位，同时应接受学校评审领导小组的检查和监督。

第五章 附 则

第十三条　本办法由学校奖励评审领导小组负责解释。

第十四条　本办法自公布之日起施行，原《文华学院国家奖学金管理暂行办法》（校学〔2018〕7 号）同时废止。

文华学院

2020 年 7 月 3 日

附录二　文华学院历年国家奖学金获得者信息（2007—2021）

年份	姓名	性别	学部	专业
2007	张梦洁	女	外语学部	英语
	谢　原	女	经管学部	金融学
	袁天玉	女	机电学部	电气工程及其自动化
	宋冬冬	男	人文学部	法学
	院　凯	男	信息学部	自动化
	周自清	男	城建学部	建筑学
2008	柯星昌	男	机电学部	机械设计制造及其自动化
	王小星	女	机电学部	电气工程及其自动化
	倪祥刚	男	机电学部	电气工程及其自动化
	魏思维	女	信息学部	通信工程
	赵秋萍	女	信息学部	自动化
	刘明仲	男	信息学部	计算机科学与技术
	易逢青	女	外语学部	英语
	宋　丹	女	外语学部	英语
	闫潇潇	女	城建学部	建筑学
	王海峰	男	城建学部	土木工程
	刘小艳	女	城建学部	工程管理
	李智伟	男	城建学部	城市规划
	张　樱	女	经管学部	公共事业管理本科
	刘　飞	男	经管学部	金融学
	陶　鸿	女	经管学部	工商管理
	曾博宇	女	经管学部	国际经济与贸易
	高　叶	女	经管学部	会计学
	战媛媛	女	人文学部	法学
	刘成成	女	人文学部	新闻学

续表

年份	姓名	性别	学部	专业
2009	赵　诣	女	经管学部	国际经济与贸易
	刘　丹	女	经管学部	金融学
	马　骁	男	经管学部	会计学
	桑　斌	男	城建学部	给排水科学与工程
	陈　帅	男	城建学部	建筑工程技术
	廖　鹏	男	城建学部	给排水科学与工程
	明会青	女	信息学部	通信工程
	曾珊珊	女	信息学部	光电信息科学与工程
	毕铭旻	女	信息学部	自动化
	蒋　浩	男	机电学部	电气工程及其自动化
	马冰冰	男	机电学部	机械设计制造及其自动化
	陈谦益	男	机电学部	机械设计制造及其自动化
	甘　勤	女	人文学部	新闻学
	代金凤	女	人文学部	广告学
	武　琼	女	外语学部	英语
2010	陈　胜	男	城建学部	给排水科学与工程
	王　辉	男	城建学部	房地产经营与管理
	胡　欢	女	城建学部	艺术设计
	曾璐纬	女	经管学部	会计学
	赵莉娜	女	经管学部	电子商务
	霍　清	女	经管学部	公共事业管理
	颜　琰	女	经管学部	金融学
	孙　武	男	机电学部	机械设计制造及其自动化
	芦　泉	男	机电学部	电气工程及其自动化
	张　莉	女	机电学部	材料成形及控制工程
	甘汝婷	女	信息学部	光电信息科学与工程
	方会兵	男	信息学部	电子信息工程
	朱道专	男	信息学部	计算机科学与技术
	上官纯惠	女	人文学部	新闻学
	王　姣	女	外语学部	英语

续表

年份	姓名	性别	学部	专业
2011	张家颢	男	外语学部	英语
	高骁宇	男	人文学部	法学
	彭　曦	女	人文学部	汉语言文学
	田　佳	男	信息学部	光电信息科学与工程
	李旺龙	男	信息学部	计算机科学与技术
	徐　颖	女	信息学部	计算机科学与技术
	王　静	女	城建学部	城乡规划
	陈　向	女	城建学部	土木工程
	郭　娅	女	城建学部	工程管理
	许瑞昕	女	经管学部	金融学
	朱佳晶	女	经管学部	电子商务
	黄佳敏	女	经管学部	会计学
	舒骏双	女	经管学部	会计学
	张新昌	男	机电学部	能源与动力工程
	张中伟	男	机电学部	材料成形及控制工程
2012	程洪涛	男	城建学部	给排水科学与工程
	梁　倩	女	城建学部	土木工程
	张夏青	女	城建学部	建筑学
	胡小乔	女	经管学部	会计学
	范晓东	男	经管学部	国际经济与贸易
	成露露	女	经管学部	电子商务
	邹梦婷	女	经管学部	金融学
	姜旭初	男	机电学部	机械设计制造及其自动化
	严昊天	男	机电学部	电气工程及其自动化
	李俊庄	男	信息学部	通信工程
	许杰文	男	信息学部	计算机科学与技术
	郑娟娟	女	信息学部	电子科学与技术
	徐梦娇	女	人文学部	新闻学
	张美娥	女	人文学部	法学
	晏春枝	女	外语学部	英语

续表

年份	姓名	性别	学部	专业
2013	叶　婷	女	城建学部	环境工程
	颜刘廷	男	城建学部	土木工程
	朱婧逸	女	经管学部	工商管理
	许家卉	女	经管学部	会计学
	姜　晓	女	机电学部	电气工程及其自动化
	汪　雄	男	信息学部	电子信息工程
	刘　聪	女	信息学部	光电信息科学与工程
	王象红	女	人文学部	新闻学
	刘　琴	女	外语学部	英语
	胡志宇	男	信息学部	计算机应用技术
	吴汶沛	男	人文学部	文秘及办公自动化
2014	梁仕浩	男	城建学部	城乡规划
	李　雄	男	机电学部	电气工程及其自动化
	尤　运	男	机电学部	能源与动力工程
	陈　娟	女	经管学部	工商管理
	雷　震	男	信息学部	自动化
	袁津芬	女	人文学部	新闻学
	苗莳菈	女	外语学部	日语
	屈奥琳	女	经管学部	金融学
	杨　哲	男	信息学部	计算机应用技术
	周　爽	女	城建学部	建筑工程技术
2015	王宇琦	男	机电学部	机械设计制造及其自动化
	陈　雁	女	城建学部	环境艺术设计
	毛传俊	男	人文学部	新闻学
	李诗雅	女	外语学部	日语
	洪依民	男	经管学部	工商管理
	邹亚希	女	经管学部	会计学
	周　辉	男	信息学部	光电信息科学与工程
	夏　蓉	女	机电学部	电气工程及其自动化
	钟贤臣	男	城建学部	物业管理

续表

年份	姓名	性别	学部	专业
2016	吴佳妮	女	外语学部	英语
	张　浩	男	人文学部	广告学
	郭诗瑶	女	信息学部	计算机科学与技术
	陈　康	男	城建学部	城乡规划
	余　璐	女	机电学部	电气工程及其自动化
	谢杰克	男	机电学部	船舶与海洋工程
	郑欣晨	女	经管学部	会计学
	李　磊	男	城建学部	土木工程
	方伟成	男	信息学部	光电信息科学与工程
	段　奇	男	经管学部	工商管理
	饶　婧	女	城建学部	建筑工程技术
2017	谭宇航	男	经管学部	工商管理
	罗文娣	女	经管学部	电子商务
	刘舒雯	女	城建学部	建筑学
	郑虎成	男	人文学部	法学
	龙麒谭	男	机电学部	机械设计制造及其自动化
	屈　璇	女	机电学部	电气工程及其自动化
	蔡翟源	男	信息学部	自动化
	钟　怡	女	城建学部	环境工程
	周紫薇	女	经管学部	会计学
	姜梦婷	女	外语学部	日语
	胡　婧	女	经管学部	市场营销
2018	彭　茂	男	人文学部	汉语言文学
	曾明琦	女	城建学部	数字媒体艺术
	秦　琦	女	经管学部	会计学
	邱钦钦	女	基础学部	舞蹈表演
	李婉静	女	机电学部	电气工程及其自动化
	李佳琪	女	信息学部	光电信息科学与工程
	卫雅婷	女	信息学部	通信工程

续表

年份	姓名	性别	学部	专业
2018	王黎敏	女	经管学部	工商管理
	付柏寒	男	外语学部	英语
	贺俊伟	男	经管学部	电子商务
	余自强	男	经管学部	市场营销
2019	向丹莉	女	经管学部	财务管理
	李昊洋	男	城建学部	环境设计
	倪春光	男	经管学部	会计学
	姚文翔	男	外语学部	英语
	朱虹璋	男	人文学部	广告学
	杨文涛	男	机电学部	电气工程及其自动化
	余亦婷	女	基础学部	舞蹈表演
	刘悦文	女	信息学部	通信工程
	周元萌	女	经管学部	国际经济与贸易
	陶亦然	男	信息学部	计算机科学与技术
	刘　洋	女	信息学部	光电信息科学与工程
	胡　纪	男	信息学部	计算机应用技术
	寿梦杰	男	外语学部	应用英语
	彭文章	女	经管学部	财务管理
2020	楼昕怡	女	人文学部	广告学
	李　健	男	信息学部	电子科学与技术
	沈冷宇	女	信息学部	通信工程
	张爱玲	女	信息学部	光电信息科学与工程
	徐钦旭	女	机电学部	机械设计制造及其自动化
	果小曼	女	经管学部	国际经济与贸易
	李泰然	女	经管学部	会计学
	魏子豪	男	经管学部	工商管理
	罗　蒙	男	外语学部	英语
	宋承骏	男	机电学部	电气工程及其自动化

续表

年份	姓名	性别	学部	专业
2020	仝小凡	女	城建学部	环境设计
	邵欣怡	女	经管学部	财务管理
	谭　琦	女	信息学部	计算机应用技术
2021	李文杰	男	城建学部	环境设计
	罗　娴	女	外语学部	英语
	柳芝诺	女	人文学部	网络与新媒体
	向　凯	男	信息学部	电子信息工程
	何　睦	女	城建学部	工程管理
	侯东堃	男	机电学部	电气工程及其自动化
	钱森岍	女	城建学部	数字媒体艺术
	李雨萱	女	经管学部	会计学
	邓依帆	女	人文学部	汉语言文学
	刘　泓	女	经管学部	工商管理
	陈枭尧	男	信息学部	计算机科学与技术
	毛　莹	女	经管学部	财务管理
	宋诗理	女	机电学部	机械设计与制造
	杨　泽	男	信息学部	计算机应用技术